普天之下・盡是好書

普天 出版家族 Popular Press Family

凌雲 文創 A-Plus Creative Company

活用語言魅力，把意見滲透到別人心裡

THE ART OF CONVERSATION

陶然——編著

把話說進心坎裡

人際關係專家畢傑曾說：

**如果你想把話說到別人的心坎裡，
就必須知道如何利用別人最喜歡聽的話，
間接傳達你想要傳達的意思。**

的確，同樣的一件事，用不同的兩種話來表達，最後的結果往往是大相逕庭。
如果你可以在事前就知道你想要傳達的人喜歡聽什麼話，然後再用他喜歡聽的話間接傳達你的意見，那麼，對方欣然接受的程度肯定會高出許多。

【出版序】

把話說進別人的心坎裡

期望無往而不利，少不了得培養自己的口才。不能僅僅是說話，而是要把話說到聆聽者的心坎裡去！

人際關係專家畢傑曾說：「如果你想把話說到別人的心坎裡，就必須知道如何利用別人最喜歡聽的話，間接傳達你想要傳達的意思。」

的確，同樣的一件事，用不同的兩種話來表達，最後的結果往往大相逕庭。

如果你可以在事前就知道你想要傳達的人喜歡聽什麼話，然後再用他喜歡聽的話間接傳達你的意見，那麼，對方欣然接受的程度肯定會高出許多。

繁忙的人際交往中，人與人之間的溝通對話不可避免。

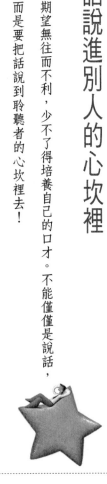

一個會說話的人，每一句話都能打動人們的心弦，好像具有一種不可知的魔力，操縱著人們的情緒。他的一舉手一投足，嘴裡發出來的一言一語，彷彿都能影響到週圍空氣的鬆弛與緊張。

這種感染的力量是什麼？就是口才。

和別人接觸的時候，有四件事情容易被人用來當作標準，評定我們的價值，那就是我們做的、我們的面貌、我們說的話，以及我們如何說話。

可惜，許多人爲了種種瑣事的繁忙，忘記最重大的事，缺少時間研究他們的「辭藻」，甚至不肯花一分鐘的時間思考如何充實自己的辭句、如何增加辭句的意義，如何使講話準確清晰。

有些人以爲，只要有才幹，即使沒有口才，也可以達到成功的目的。

這種觀念並不完全正確，有才幹並且有口才的人，成功希望才更大。因爲一個人的才幹，完全可以從言語談吐之間充分地表露出來，使對方更進一步地瞭解，並且信任。

美國費城的大街上，曾躑躅著一個無業的英國青年，不論是清晨或夜晚，總是引人注目地經過那裡。據他自己說，他想尋找一份工作。

有一天，他突然闖進了該城著名的巨賈鮑爾．吉勃斯的辦公室，請求主人犧牲一分鐘時間接見他，容許他講一兩句話。

這位陌生怪客使吉勃斯感到驚奇，因爲他的外表太引人注目了，衣服已很破舊，全身流露出極度窮困的窘態，可精神倒是非常飽滿。也許是出於好奇，或者是憐憫，吉勃斯同意與這人一談。

想不到的是，他起初原想談一兩句話就好，然而一談起來，不是一兩句，也不是一二十分鐘，直到一個小時以後，談話仍沒有結束。

接下來，吉勃斯立即打電話給狄諾公司的費城經理泰勒先生，再由這位著名的金融家邀請這位陌生怪客共進午餐，並給了他一個極優越的職務。

一個窮困落魄的青年，何以能在半天之內，獲得如此美滿的結果？

他的成功秘訣，就在於極吸引人的口才。

口才，是生活中應用最普遍也最難能可貴的說話技術。然而，與你交談的對象當中，有幾個長於口才？在日常的談話中，在大庭廣眾的集會中，你遇到過多少使你滿意的談話對象？曾有多少人，能夠把話說到你的心裡去？恐怕都是屈指可數吧！

不論是面對家庭，還是職場，甚至是整個社會，期望無往而不利，少不了得培養自己的口才，強化自身的說話能力。

不能僅僅是說話，而是要把話說到聆聽者的心坎裡去！

口才是現代社會必備的競爭資本，也是增強人際關係的要素，懂得把話說得更巧妙，懂得把意見滲透到別人心裡，更是商業社會的成功之道。

很多人失敗，並不是敗於實力不濟，而是不知道運用「語言」這項利器。唯有細心研讀並靈活應用語言的魅力，具備良好的說話能力，才能增進自己的各項能力，在商業社會遊刃有餘。

【出版序】把話說進別人的心坎裡

輯一 把你的心意傳到對方的心坎裡

只要方法得當，「謝謝」必定能夠將你的心意傳進對方的心坎裡，給予莫大的心理滿足，進而轉化為對你的親近感和善意。

談吐優雅，人緣必佳 014
透過禮儀，增添語言的魅力 017
風度提升談話的好感度 022
把你的心意傳到對方的心坎裡 027
成功收尾讓談話印象完美 032
悅耳的嗓音讓人一聽就傾心 037
你也可以有迷人的好聲音 041
恭維，不是口是心非的讚美 047
幽默是最好的潤滑劑 050

輯二

學會做事之前，先學會說話

人們之所以會造成一些不和，大多與出言不遜有關。要學會說話，首先應在言辭上注意尊重對方的人格。

就算寒暄，也要掌握重點 054
用幽默製造「笑」果 058
用幽默化解尷尬 062
自我解嘲，把話說得更巧 068
開玩笑，要開得剛剛好 073
不看時機，小心傷人傷己 077
妥善運用批評的藝術 080
會做事之前，先學會說話 084
親切，是建立關係的要訣 087

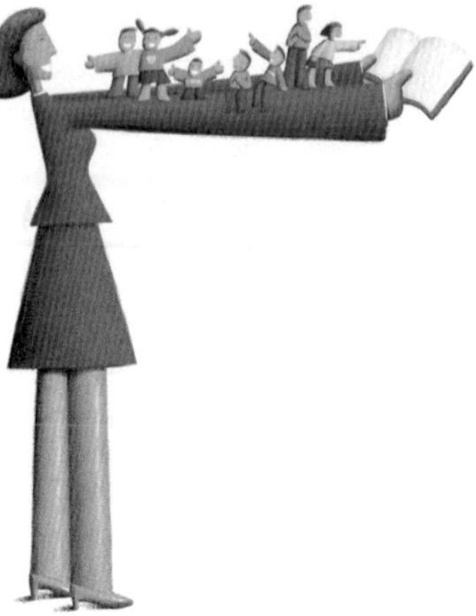

輯三

先讚美，然後再責備

先表示讚揚，用讚美的話語當中和劑，令對方反駁不是，發怒也不是，再有理有據地批評，更能令人心悅誠服地接受。

先讚美，然後再責備　094
多一點激勵，就多一點效益　099
面對窘境，要保持鎮定　102
換個角度，對方才會心服口服　106
學會說「不」的智慧　110
掌握拒絕的訣竅　114
說「不」，也是一種藝術　118
適度讚美，可以為人際交往「開胃」　122
發揮讚美與微笑的魅力　126
讚美，讓語言更美　130

輯四

說話繞個彎，更討人喜歡

話中有話，是高明的待人處世方式之一，學會將說出的話繞個彎，才不至於衝撞別人，更能討得他人的喜歡。

懂得批評，才能發人深省 134
說話繞個彎，更討人喜歡 141
婉言激勵更能展現積極意義 145
對話是傳接球，不是躲避球 148
將心比心，尋求雙贏 151
轉個彎，說話更簡單 154
說服的關鍵，在於口才表現 158
將說服看作最巧妙的藝術 163
喊出名字是關係建立的開始 167

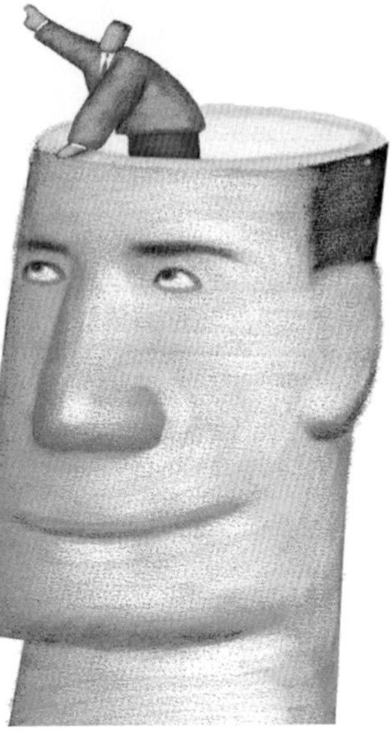

輯五

說服，從拉近心理距離開始

口口聲聲都是「我們」，不僅表示排除了自我，且能觸發聽眾對集體的歸屬意識，即使厭惡被迫接受，也會不知不覺地軟化。

給別人台階下，才能避免尷尬 174
在合適的時機，說合適的話 179
與其多說，不如適時沉默 184
食言而肥，就沒有第二次機會 188
說服，從拉近心理距離開始 192
選對方法，就能說服對方 197
步步為營，力求穩中求勝 202
各說各話，只會導致僵持不下 206
給別人面子，替自己留下退路 209

輯六

請將，不如聰明激將

被激的一方，必須是那種能激起來的人物。另外，激將法是在雙方較為熟悉的情況下進行的，不宜對陌生人採用。

以熱忱為引信，激發別人的熱情　214

避免和別人發生爭論　219

當一個合格的傾聽者　225

積極傾聽，適時給予回應　229

請將，不如聰明激將　232

避實就虛，爭取空間緩口氣　238

「激」出語言的最大魅力　241

要說，就說貼心話　246

輕易說「不」，必將傷害客戶　251

1

Chapter

把你的心意傳到對方的心坎裡

只要方法得當，「謝謝」必定能夠將你的心意傳進對方的心坎裡，給予莫大的心理滿足，進而轉化為對你的親近感和善意。

談吐優雅，人緣必佳

有口才且具說服力的人，可以把話說到聆聽者的心坎裡去，為自己創造出融洽的環境，一片任由馳騁的廣闊天空。

語言，是人類的重大財富，是不可或缺的交流工具。

如果你不善於使用這種工具、不懂得應該如何交流，那麼語言的價值，就會大打折扣。良好的談吐，首先要能夠吸引住別人，讓別人耳目一新，爲成功說服打下堅實的基礎。

語言的迷人之處，不僅在於它是一種交流的工具，還在於它本身就能帶來快感，所以人們對絕妙言語的崇拜，古今皆然。把握住這種財富，運用它駕馭你的談吐，便能爲你帶來快樂和機會。

一個人在談吐方面的缺陷，可能導致人際關係的破裂，或者砸掉一筆生意，丟掉手中的飯碗。日常生活中，因爲語言摩擦而導致的戀人分手、夫妻離異、兄弟反目，更是屢見不鮮。

在上位者，常常以一個人的談吐爲重要標準，決定是否聘任。同樣的，在下位者也會根據一個人的談吐下判斷，決定是否擁戴此人爲領導者。由此可見，一個人的談吐，足以影響旁人對他的看法。

即使一個人的思想像星星一樣閃閃發光，即使他在公司經營過程中出的主意十分精明，即使他的頭腦裡充滿了藝術、體育、航空、地理、音樂和電腦……等方面的淵博知識，仍無法保證他能免於遭受語言障礙的困擾。除非他能成功引起旁人的注意，文雅親切地與人交談、溝通，否則，沒有人會願意聽他說完自己的高明見解。

對於渴望在職場或商業領域獲得成功的人，有三點非常重要：談話時的「自信」、「準確」，以及「具說服力」。

商業界人士首先要推銷的就是自己。從第一項工作會談，到作爲成功者發表演講，漫長的征途中，必須不斷地說服別人。

如果你打算經商，那麼你的談吐與形象，包括容貌、聲音，就可能是決定成敗的關鍵。運用語言準確地表現自我、說服別人，至爲重要。

準確地運用語言表現自我，就是人們常說的口才。善於說服他人，則是口才表現的最高形式。

有才幹並有說服他人能力的人，成功的希望將會更大，因爲他的才幹可以透過言語談吐，充分表露出來，使對方產生更進一步的了解，並且生出信任、認可，從而願意委以重任。

有口才且具說服力的人，人生必定豐富多彩。他將可以憑藉駕馭語言的能力，把話說到聆聽者的心坎裡去，爲自己創造出融洽的環境，一片可任由馳騁的廣闊天空。

透過禮儀，增添語言的魅力

合宜的談話態度，更添交談魅力。想要把話說得更動聽，說到聆聽者的心坎裡去，務必從好風度、好禮儀培養起。

作爲一種社會性動物，親切自然的交談，可以爲個人或組織營造出良好、友善的環境，打穩人際關係網。因此，我們應該注意交談的禮儀。

交談的禮儀，包括交談的語言和舉止兩方面：

●交談的語言

交談過程中，令人感到愉快的對手之所以一向很少，主要是因爲每個人想的都是自己要說什麼，很少考慮別人說了什麼。

如果你希望別人聽你說話，首先就應當傾聽別人說的話。讓與你談話的人也擁有說話的自由，哪怕他們說的只是些沒有營養的小事。不要任意地反駁或打斷，並且應當表現出一定程度的投入，顯示正在專注聆聽。此外，還要不時回應些相關的事情，讚揚他們說的那些值得讚揚的內容，讓他們知道，你的態度與言語絕非虛假的奉承。

用熱情、大方、誠實的語言與人進行交談，不要用過於華麗的詞藻和脫離實際的話來恭維。唯有本著誠懇坦率的態度說話，才能使人感到親切自然，讓對方易於接受。

敘述事情要條理清楚，有聲有色，情眞意切，使語言富有邏輯性、感染性和啓發性，以確保得到正面的效果。

另外，應注意避免談及可能使人感到不愉快的事情，例如生老病死，或者涉及收入、履歷、家庭等私生活的種種。對於對方不願回答的問題，不可一味追問，若察覺有反感情緒產生，應立即轉移話題，以表示充分尊重。

交談時的聲音不應太大，女性宜低沉柔和，男性宜平穩，並保持節奏感。

避免在無關緊要的事情上爭論不休，儘量少提毫無意義的問題。永遠不要讓人覺得你自以爲更有理，應該把做判斷的優先權讓出去。

交談之初，應根據談話對象的脾氣和喜好，先說一些容易溝通、不那麼嚴肅的事情。別急於得到他人的贊同，更別急著得到回答。首先滿足別人，接下來再談論自己，表達過程中，儘量要求自己不先入爲主，不固執偏激，並以聽話者的想法來審視所有意見。

與其花費過長的時間談論自己，不如把這份力氣省下來，用在了解對方的愛好上。對他的想法加以補充，還要盡可能使他相信，這些想法是從他身上得來。同時，巧妙地不把談及的話題說盡，留給別人一些思考的空間。

永遠不要用權威的態度說話，也不要用誇張的語言和詞句。可以保留自己的意見，如果這些意見確實有道理。談話中，別輕易用言語傷害他人的感情，也不要擺出被冒犯了的表情。

總之，極力使自己成爲談話的主宰者，就與過度談論同一件事情一樣，都是危險的。不露痕跡地引導對方，不知不覺間將談話方向轉入眼前出現的、令人愉快的話題，這才是聰明的。

必須注意的是，所有類型的談話，無論多麼嚴肅莊重，或是多麼詼諧幽默，都不可能適合於所有人。所以，你應該選擇適合大部分人談話的內容，甚至選擇交談的時間。

●交談的舉止

語言並不是交談的全部，談話者的目光、手勢、姿態等無聲語言，往往也傳達著某種資訊。

交談的目光應是互相正視，雙方目光應在同一水平線上。居高臨下並不合適，容易造成對方心理上的不平等感覺。

談話時，目光既不該緊緊盯住對方，也不應該在對方身上上下打量，這種「觀察獵物」的眼神，會使人窘迫不安。

兩個人面對面交談的時候，目光應控制在對方的嘴角、額頭和臉頰兩側的範圍內，而且應採用注視、凝視等方式。斜視、盯視則應避免，兩者都是比較消極的目光語言。

交談的手勢也是一種輔助工具，適當地做一些手勢，可以增加語言效果，但不宜過度，否則會給人一種比手畫腳、不穩重的感覺。切記，不可用手直指別人的臉，這樣極不禮貌。

與人交談過程中，一邊說話一邊搔頭皮、掏耳朵、挖鼻屎，會顯得非常沒有修養，絕對是大忌。雙手無所適從，玩弄衣角、壓指節等，雖然不那麼讓人討厭，但也會分散聽者的注意力，必須避免。

合宜的談話態度，更添交談魅力。若想要把話說得更動聽，說到聆聽者的心坎裡去，務必從好風度、好禮儀培養起。

風度提升談話的好感度

偶爾適當地自誇沒什麼，但若總是誇耀自己的成就，總是想表現自己的經驗與才能，就很容易讓人生厭了。

禮節，在人與人的交往中，扮演著舉足輕重的角色，在談話中也有不可忽視的潤滑作用。

運用「你好」、「請」、「謝謝」、「對不起」等禮貌用語，能營造祥和的氣氛，拉近談話雙方的距離。

那麼，如何在談話中展現充分的禮節？以下幾點，應當密切留意。

• 表情自然，語氣親切

與人談話時，要做到輕鬆自然，應對得體。若需以手勢輔助語言，動作不宜過大，更不能誇張得手舞足蹈，口沫橫飛。如果你想要表現親切，談話時與對方的距離不妨稍微靠近一點，但不可拉拉扯扯，輕佻調笑。

•先打招呼，後道再見

雙方見面談話時，率先主動且友善地與對方打招呼，或以握手、點頭、微笑表示歡迎。談話結束時，別忘道一聲「再見」。

如果別人已經展開談話，最好不要任意湊近旁聽，即使有事必須與其中某人交談，也要等談話告一段落，不可魯莽地打斷。

如果交談的對象在三人以上，除了與主要對象交談外，還要適時與在場的其他人談上幾句，避免冷落當中的任何一人。

如果所談的問題不便在衆人面前公開，也不應把對方直接拉到旁邊說悄悄話，另找場合細談會比較妥當。

• 給對方發表意見的機會

這是指在交談中，不能自顧自地講個沒完沒了，要給對方發表意見的時間與機會。既要適時發表個人想法，也要當個好聽眾。

• 多說幾個「對不起」

例如，你與一人正在談話，突然有人有急事找你，你可以說：「對不起，我有點急事要處理，請稍候一下。」

說「對不起」是自謙的表示，在心理作用上，可以讓對方覺得自己佔了點上風。這樣一來，對方哪裡還會感到不悅？

要使朋友不交惡，家庭不失和，「對不起」三個字，可謂靈丹妙藥。

• 不要多話

有不少人自認口齒伶俐，碰到熟識的人，總要說上一大堆話，而且不顧對方的心理，不管人家喜歡不喜歡聽，一味地滔滔不絕，話題只圍繞著自己轉。

基於禮貌，對方不得不聽下去，但同時心裡一定無奈地想著：「受不了！這人眞長舌，以後我可要想辦法避開！」

・不要太沉默

有些人和前一種人相反，在交際場合很少開口，可能是個性比較內向，也可能是自卑，以爲自己不如人，或者地位太低。但是，這種過於沉默的習慣，會大大地妨礙正常的人際交往，並且可能被誤以爲性格孤僻、性情高傲。

・不要浮誇

在談話中，偶爾適當地自誇沒什麼，但若總是誇耀自己的成就，總是想表現自己的經驗與才能，就很容易讓人生厭了。

談論自己要適度，最好適時打住。一個具備眞才實學的人，即使不自吹自擂，別人也會知道他具有什麼學問或能力。

• 不要搶話

有些人習慣在他人說話還未告一段落，便搶先插嘴，以表示自己領悟得更快，或者知識更廣博，見解更高明。

舉例來說，剛聽人說起一個笑話，就插嘴道：「我早就聽過這個笑話了，接下來是……」或者，聽人說起某部電影時，馬上插嘴：「我也很喜歡這部電影……」接著，又發表了一大堆關於這部電影的意見。

這種人，無論知識多廣博、見解多高明，都會讓人反感。

• 少用「我」字

與人談話時，除非對方主動要求你談談自己的事，否則不要總是以「自己」爲中心，句句不離「我」字。

適當地關心對方和對方的親友，足以令聽者窩心。

談話時，多注意以上提到的幾大禮節，將會讓你的社會關係變得更融洽，更有利於發展自身的人脈網。

把你的心意傳到對方的心坎裡

只要方法得當，「謝謝」必定能夠將你的心意傳進對方的心坎裡，給予莫大的心理滿足，進而轉化為對你的親近感和善意。

「謝謝」是這個世界上最神奇的一個詞，不僅是禮貌用語，也可以成爲溝通的橋樑，乍聽似乎極爲普通，但只要運用恰當，可以產生無窮魅力。

向他人道謝，需要勇氣、眞誠和努力，是複雜而微妙的感情過程。恰到好處的「謝謝」，可以給人莫大的滿足，得到他人的好意、恩惠，回報以眞誠的感謝，是交際禮節的最基本要求。

概括地說，感謝有四種功能：

●表達自我情感

人們接受別人的善意言行之後，一般都會產生感激之情，情動於心，發乎言辭。道一聲「謝謝」，通常這就是情感的自然流露。

●顯示禮儀規範

在現代社會中，感謝別人的好意、幫助，是一種社會的規範，更是文明的象徵之一。懂得說謝謝的人才是有涵養、有風度的人。

●強化對方的好感

人際交往是一個互動的過程，一方的善意行爲必然會引起另一方的「酬謝」，而這種「酬謝」又將進一步使雙方都對彼此產生好感，發出新的善意行爲，讓人際關係進一步融洽。

●調節雙方距離

任何一種人際交往，都在交際雙方的心理距離中進行。抓準適當的心理距離，是使人際關係成功的必要條件。

一般情況下，感謝有拉近距離的作用。但若運用的時機、對象不當，也可能產生拉大雙方距離的負面影響。

人際交往中，「謝謝」並非在任何場合都可以濫用。妥善運用「謝謝」，首先應注意以下幾點：

第一，不要說得過多，否則容易破壞氣氛。

第二，道謝要適度，掌握一定的分寸。當別人替你做了一件事情，也許只是舉手之勞，你若過分道謝，聽的人反而渾身不自在，難以受用。

第三，說「謝謝」的時候，聲音要眞誠。用冰冷平淡的語調道謝，會讓人覺得你的感謝言不由衷，像例行公事一樣。充滿誠意，發自內心，對方才不會認定爲應酬的客套話。

第四，說「謝謝」的時候，一定要注意場合。與對方單獨在一起時，對他表示感謝，一般會有好的效果，如果面對的是一群人，就不要單獨挑出一個人進行感謝，否則有可能冷落別人，造成不愉快。

同時，最好有明確的稱呼，透過稱呼被感謝者的名字，可以使道謝更明確。

如果需要感謝好幾個人，最好一一點出來，在每個人心裡引起共鳴。

第五，說「謝謝」的時候，要針對交際對象的不同心理需求。不同的人，各自的心理需求都不同。有人希望你對他的言行本身表示感謝，有的人希望你對他的言行動機或達成的效果進行感謝，有的人則希望你對他這個人進行感謝。如果可以，應該盡滿足這種心理需求。

第六，說「謝謝」的時候，要針對交往對象的不同身份特點。比如，老年人自信自己的經驗對年輕人有一定的作用，因此，年輕人表示感謝時，應指出對方言行產生的結果，「謝謝您，您的這番話使我明白了許多道理……」，這會使老年人感到滿足，認爲「孺子可教也」。

女性常以心地善良、體貼別人爲自己獨特的人格魅力，男性感謝她們時，說「妳眞好」就比「謝謝妳」還要好一些；說「幸虧妳幫我想到了這點」就比「妳能想到這點，眞不容易」要好。

說「謝謝」時要認眞、自然，不要含糊地咕嚕一聲，更不要怕別人知道，感覺不好意思。說「謝謝」時要有一定的體態，頭部輕輕點一點，目光注視著你要感謝的人，而且要伴隨著眞摯的微笑，這樣在對方心裡引起的迴響會更強烈。並且，要及時注意對方的反應，若是對此感到茫然，要用簡潔的語言向他道出致謝的原因，使道謝達到目的。

道謝是爲了表達感激之情，如果使對方因此窘迫，便違背了本意。因此，必須考慮時間、地點和對方的特點。

如果對方不希望局外人知道自己幫了你，你就應尊重對方的意願。恰巧在大庭廣衆下遇見對方，則含蓄地表示謝意，或者小聲地耳語，甚至可藉握手之機，用熱情有力的動作，加上含笑的眼神來表示。也可以等離開人群後，另找個合適處再坦誠道謝。

人際交往中，一定要善用「謝謝」這個禮貌用語，只要方法得當，必定能夠將你的心意傳進對方的心坎裡，給予莫大的心理滿足，進而轉化爲對你的更多的親近感和善意。

成功收尾讓談話印象完美

駕馭情境，正確審視對象，選擇正確、得體的話語，不僅交談可以結束得非常得體，還有引人回味的效果。

交談時，說好開頭的第一句話固然重要，但也不能忽視告別語的作用。

如果將開頭的第一句話比喻爲一杯提神的咖啡，結束語則該是一曲「餘音繞樑」的優美樂曲，讓人回味。

結束交談時，老是說「再見」之類的告別語顯得千篇一律，太過於空泛，不妨運用一些能給對方留下深刻印象的告別語。

一般來說，正式交談後，通常有以下幾種收尾方法：

•關照式收尾

當交談雙方說完了自己的想法、意見，或流露了某些內心意向，覺得談話中有些話語或問題不宜再讓第三者知道，便可運用這種收尾法，關照對方不要張揚出去。

譬如：「剛才我講的話是一些不成熟的看法，我覺得不必讓他人知道，請你不要傳出去，以免引起不必要的麻煩。」

採用關照式收尾，有提醒對方注意、防患未然和強調重點的作用，能使對方更了解你的意思。

•徵詢式收尾

交談完畢，根據自己的目的與相談後的吻合情況，向對方徵求意見、說明、要求或建設性忠告、勸誡，就是徵詢式收尾。

譬如：「李先生，隨著我們接觸的增多和了解的深入，你一定察覺出我有許多缺點。你覺得我最糟糕的問題是什麼？很盼望你下次能提出來。」

與陌生下屬的交談結束時，你應該說：「還有任何要求和意見嗎？」或問：「生活上還有困難和要求嗎？不妨提出來，我會盡力謀求解決……」

相對的，作爲下屬，也應該同樣徵詢上司：「除了工作，您對我還有其他意見和看法嗎？希望您能提出來……」

在交談藝術中，運用徵詢式收尾，往往給人以謙遜大度、仔細周到和穩重老成的印象。對方聽了，自然感到心情愉悅，並生出親切感，雙方關係必將因此更爲融洽，有利於各方面進展。

●道謝式收尾

道謝式收尾具有較強的禮節性，基本特徵是透過一些「客氣話」，作爲交談的結束和告別。道謝適用的場景和對象最爲廣泛，無論面對的是上下級、同事、親朋還是熟人、鄰居以及初次認識的人，都很適宜。

例如，你參與了一場學術性會談，便可以在活動結束前後，對主講人說：「謝謝您！聽您一席話，使我獲益良多。」

●祝願式收尾

這種收尾方式，不僅具有較強的禮貌性，而且還具有極大的鼓動力。如果再加上適當的口語修辭，效果將非常顯著。

「再見，路上保重。祝你一帆風順！」這就是標準的祝願式收尾。

●歸納式收尾

歸納式收尾，可以運用於陌生人之間的交談，也可用於同事、親朋間的工作性交談。

譬如，一位組長對另一位組員說：「小陳，我今天找你講的，主要是兩個問題，一是對於新形勢下出現的一些困難，如何進行正確的評估和引導、轉化；二是關於日後發展工作的經驗，必須進行總結。上頭要求儘快提出報告，所以這兩件事，我們都必須考慮一下……」

親朋之間，則可以這樣進行結尾：「表弟，我剛才說的那三件事，你可一定得做到啊！我等著你的好消息！」

歸納式收尾，由於條理清晰，可以重點再現交談的目的和內容，幫助雙方的思想和意見清楚交流，能收到言簡意賅、重點突出的效果。

●邀請式收尾

邀請式收尾的基本特徵，是運用社交手段，向對方發出客套性邀請或正式邀請。前者展現了禮貌，後者則表現了友誼。

1.客套性邀請：如果您下次到台北來，請到我們家來做客。

2.正式邀請：今天我們就談到這裡吧！星期三晚上六點，別忘了來我家吃頓便飯，那時我們再長談！

以上兩種邀請式收尾語，在社交場合必都不可少。

與人交談的結束語，種類極多，表達方式也五花八門。只要能夠駕馭情境，正確審視對象，選擇正確、得體的話語，不僅交談可以結束得非常得體、有趣，還有餘韻猶存、引人回味的效果。

悅耳的嗓音讓人一聽就傾心

只有清晰、悅耳地發出每一個音節，才能清楚明白地傳遞自己的思想，也才能自信地面對你的談話對手，達到想要擁有的談話效果。

嗓音，是決定說話效果的關鍵之一。

悅耳的好嗓音，就像音樂一樣，讓聆聽者感到愉快。

如果一位女性聲音清脆圓潤，想必不管走到什麼地方，只要一開口說話，所有人都會眞誠地洗耳恭聽，因爲他們無法抗拒如此具有魅力的聲音。

眞誠、爽朗、充滿生命活力的聲音，就像從乾裂的地面噴出的一股清泉，也像從靜寂山谷中流過的一道清流，在每個人的心頭涓涓而流。即使這位女士的相貌普通，但像音符般美妙的聲音帶來的魅力仍然會打動人心。

那麼，優美的聲音有沒有一定標準呢？

答案是肯定的。根據國內外口才專家的建議，可總結出以下幾項重點：

●語調

語調能反映出一個人說話時的內心世界，表露出情感和態度。當你生氣、驚愕、懷疑、激動時，語調一定不自然。

透過語調，聆聽者可以感受並分辨出你究竟是一個幽默、可親可近的人，或是一個呆板保守、具有挑釁性、阿諛奉承、陰險狡猾的人。

語調也可以反映你的個性，是優柔寡斷、自卑、充滿敵意？還是誠實、自信、坦率，能夠尊重他人。因此，不管談論什麼樣的話題，都應讓語調與談及的內容相互配合，恰當地表示你對某一個話題的態度。

想把話說進別人心坎裡，不僅要做到這一點，還要一併滿足以下幾點：

1. 向他人及時地傳遞準確的訊息。
2. 得體地勸說他人。

3. 加強力度勸說他人實施某一行動。

4. 說話之時不拖泥帶水。

• 節奏

與口才出色的人談話是一種享受。他們說話之時抑揚頓挫豐富，引人入勝，就像一個出色的演奏家，將語言的節奏化作美妙的旋律，隨心所欲地彈奏出一曲曲動人心弦的樂章。

語言的節奏，大致可分爲高亢型、低沉型、凝重型、輕快型、緊張型、舒緩型等等，若能有效地掌握，便能達到打動人心的效果。

• 發音

別小看了發音，我們說出來的每一個詞、每一句話，都先由一個個最基本的語音單位組成，然後才加上適當的重音和語調。

正確恰當的發音，有助於準確地表達自我。

只有清晰、悅耳地發出每一個音節，才能清楚明白地傳遞自己的思想，也才能自信地面對你的談話對手，達到想要擁有的談話效果。

●音量

當你內心緊張時，發出的聲音往往又尖又高；當你意志消沉時，發出的聲音往往讓人覺得有氣無力。因此，講話時應適當地控制音量。

彼得是一家大型金融機構的投資研究部經理，平時總是表現得異常活躍且激動。爲了讓大家都聽到他說的話，總是大聲叫喊，甚至連打電話時，隔壁辦公室都能聽清他說的每一句話。對此，同事們無不反感。

事實上，語言的威懾力和影響力，與聲音的高低完全是兩回事，大喊大叫並不一定就能說服和壓制他人。聲音過大，只會讓人不願聽你講話，甚至生出厭惡情緒。

這與音調一樣，每個人說話的聲音大小也有範圍，可以試著發出各種音量大小不同的聲音，並仔細聽聽，找到一種最爲合適的聲音。

你也可以有迷人的好聲音

發音、音調、音量、情緒、表情，能帶動並感染你的聽眾。讓自己擁有迷人的好聲音，將更具影響力，能深入到人的心坎裡去。

聲音是感情的外部展現，兩者必然有一定的對應關係。

當一個人心情愉快時，聲音是明朗的；抑鬱不歡時，聲音就較黯淡。若沒有這種對應關係，人類就不可能憑藉聲音傳遞情感訊息，自然也將無法引起聽話方在情感上的共鳴。

如果失去了感情的運動變化，聲音便沒有了內在依據，失去活力，成了空洞僵滯的東西。

感情的變化豐富細緻，與它相適應的聲音的變化也必須生動豐富。

響亮、生機勃勃的聲音，給人充滿活力與生命力之感，向別人傳遞訊息或勸說時，將能產生重大的影響。

若你對自己的聲音不是很滿意，看到這裡，相信一定已經迫不及待地想要設法改善了。要想動聽的嗓音，首先必須先了解其成因：

●共鳴技巧

共鳴，也稱爲「共振」，是指一個發音體引起另一個發音體發出頻率相同音響的現象。

人體有天然的共鳴器官，直接引起語音共鳴的是聲帶上方的喉、咽、口、鼻腔，此外，胸腔、前額、兩顴部分也有共鳴作用。

說話用聲的特點是以口腔共鳴爲主，以胸腔共鳴爲基礎，又略帶一點鼻腔共鳴。運用共鳴音講話，可以使聲音既豐滿圓潤、洪亮渾厚，又樸實自然、清晰眞切，聽起來富有「磁性」，還可以保護嗓子，避免嘶啞。

共鳴音的獲得，需要對喉腔、咽腔、口腔、鼻腔、胸腔進行有針對性的訓練，這裡簡單介紹兩種控制技巧。

一是「通」，即發音的聲帶要通暢，不憋不擠。發音時，頸部、脊背自然伸直，胸部放鬆，不僵不憋，喉頭放鬆，口腔打開，讓氣流得以十分通暢地向上、向前流動。

二是「掛」。發音的聲道雖然是貫通的，但聲音卻不宜直通通地放出來，要控制好氣流，使其產生一種被吸住的感覺，好像「掛」在前硬顎上一樣。這樣，發出的音才能明朗、厚重，並且省力。

●字正腔圓

字正腔圓，指的是字音的精純和準確。近聽，語音純正，吐字清晰；遠聽，語音明亮，圓滑優美。

具體來說，字正腔圓包括兩方面涵義：一是「眞」，即字眞、音純、調準，不能含混，眞切俐落；二是「美」，即發音好聽、圓潤、優美，讓人感到悅耳動聽。把「美」與「眞」完美結合在一起，便是字正腔圓了。

字正腔圓的核心，在於掌握吐字歸音的技巧。

吐字歸音，是中國傳統戲曲中對吐字方法的概括，是指對字頭、字腹、字尾的完整處理過程。

一個字音的頭、腹、尾不僅要分得明，還要連得好，聽得清，使之符合音韻學的要求。有人將其概括爲：「字頭擺得準，字腹響度大，字尾收到家。」整個過程，彷彿「棗核形」。

●音質的運用

音質即聲音的性質，是區別的根據和標誌。

每一個人，由於發音器官共鳴器的形狀不同，發音方法不同，發出的聲音便會有音質上的區別。

音質的好壞，有兩個顯著標誌：

其一，好的音質聽來甜潤、清亮、優美，令人悅耳爽心；不好的音質粗糙、沙啞、低暗，猶如撕裂破布，刺耳煩心。

其二，好的音質富於變化，可以根據講話內容的需要，變換出不同的聲音，差的音質則缺少變化，單調呆板，不適於做藝術化表達，也不宜模擬。

一個人本身音質的好與差，由多種因素形成，有先天的限制，也有後天的影響。但不管如何，只要進行訓練，掌握正確的發音方法，完全可以改進。

音質條件較好的講話者，應當向語音表達的多樣化、藝術化、優美化幾個方面發展，充分開發音質的潛力，使自己的聲音悅耳動聽，成爲口才高手。

至於先天音質條件不太好的人，則應多加訓練，提高聲音的品質。

●音調的運用

音調是聲音的高和低，也包括升和降的過程。語音的高低、升降，不僅賦予語句以抑揚頓挫的特點，也展現出一定的思想感情。

音調可分爲高音、中音、低音三種，高音比較高亢、明亮；中音比較豐滿、結實；低音則比較低沉、寬厚。

不同的音調有不同的作用，產生不同的表達效果。一般內容適於用中音，重要內容和強烈的情感適於用高音，悲傷、惋惜、深思一類的內容，則更適於用低音表達。

語音的升降與聲音的高低是一致的，聲音高的地方用升調，聲音低的地方用降調。一段話中，如果思想內容逐層深入，情感越來越激烈，就可以用升調；反之，如果內容由重到輕，情感由激昂變得沉重或舒緩，則宜採用降調。疑問句、反問句或提示句，要用升調，敘述句用降調。

音調與音強密切相關。一般表示快樂、悲壯、責備的句子，聲音先強後弱；表示不平、熱烈的句子，聲音先弱後強；表示滿足、優雅、莊重的句子，聲音是中間強、頭尾弱。

講話時，你的發音、音調、音量、情緒、表情，與內容一樣，能夠極大地帶動並感染你的聽眾。讓自己擁有迷人的好聲音，你所說出的每一個字將更具影響力，能深入到人的心坎裡去。

恭維，不是口是心非的讚美

恭維，不是浮泛空洞的讚美，而要指出具體事例。唯有如此，被你恭維的人才真正感到開心與驕傲。

許多人都說「禮多人不怪」，眞的是這樣嗎？

試想以下狀況：如果你到一個朋友家裡中作客，朋友的態度卻異常客氣，你每說一句話，他都唯唯諾諾，滿嘴的客套話，唯恐你不高興似的。對此，你會有什麼感想？

不難想見，你不但不高興，反而還覺得有如芒刺在背、坐立不安，只得趕忙找個理由告辭，逃也似地從那人家裡出來。

客氣是好事，但過度的客氣只會讓人渾身不自在。

與朋友初次見面，略說幾句客套話自然難免，但第二、第三次見面，最好少用「閣下」、「府上」……等生疏的名詞。否則，彼此的距離將無法拉近，眞摯的友誼不可能建立。

客氣話是用來表示恭敬或感激的，應當掌握尺度，適可而止，多用則不免流於虛僞，讓人覺得口是心非。

有人替你做了一點小小的事情，譬如倒了一杯茶，說聲「謝謝」就夠了，要是情形比較特殊，最多說聲「對不起，這點事情也要麻煩你」。偏偏有些人爲了表現自己知書達禮，以爲客氣話越多越好，「謝謝你，眞對不起，我不該拿這點小事情麻煩你，太不敢當了，實在太感激了……」如此一大串沒完沒了，只會讓聽者渾身不自在。

說客氣話必須眞誠，像背台詞一樣地將陳腔濫調一股腦拋出，則容易使人生厭。態度自然最好，不用太過緊張。

欠缺眞誠的客氣話，不能引起聽者的好感。必須言之有物，這是所有談話都應具備的條件。

與其說「久仰大名，如雷貫耳」，倒不如說「您上次主持的冬季救濟義賣晚會成果很好，眞是讓人佩服……」，直接提及對方工作上的傲人成績，他當然更感到高興。

恭維別人的生意興隆，倒不如讚美他行銷產品的能力，或讚美他的經營手腕。單說「請多指教」是不行的，應該擇對方所長，只在某點上請他賜教。

恭維，不是浮泛空洞的讚美，而要指出具體事例。唯有如此，被你恭維的人才眞正感到開心與驕傲。

幽默是最好的潤滑劑

幽默不是尖刻的諷刺，又有別於惡意的嘲笑或憤怒的譴責。它是對不良現象的善意批評，透過「笑」果給人另一番不同啟示。

「幽默」來自拉丁語，原意爲「潮濕」，又有人引申爲「潤滑劑」。由於極難釋義，後人的理解便見仁見智，各有說法。

整體而言，幽默是一種聰明人才能駕馭的語言藝術，是思想、才學和靈感的結晶，能使言語閃耀出絢麗的光芒。

日常生活中，人們都喜歡接近比較開朗、機智、風趣的人。善用幽默，可以減少交往中發生的摩擦。

幽默的幫助，主要表現在以下幾方面：

•語言的潤滑劑

使用風趣幽默的語言，可以拉近朋友間的距離，促使雙方很快地熟悉。

•緩和矛盾，避免尷尬

一句幽默的話，可以化解空氣中的火藥味，或者給人一個下台階。

•開展批評的手段

使用幽默語言，比較不會產生牴觸情緒，批評的目的能更有效地達成。

•自嘲作用

在公共場所，有時候不可避免地會碰到尷尬處境。這時候，聰明地用幾句幽默的話語自嘲，有助於自己更快走出困境。

當然，使用幽默的語言，不僅需要才思敏捷、能言善辯，對生活具有深刻的體驗和對事物有較強的觀察力，還要求具有一定程度的文化素質和語言表達能力，反應迅速，能夠隨機應變。

使用幽默的語言，要注意以下三點：

1. 格調高雅，忌粗俗

幽默的語言能夠使人發笑，從而在笑聲中消除緊張、難堪，愉悅彼此的情懷。粗俗的笑語，只會給人油嘴滑舌、插科打諢的感覺，是低層次的東西，無法產生愉悅性情、淨化心靈的作用。

2.注意對象和時機

幽默語言固然能發揮積極的作用，但若不看對象與時機，則可能引起對方的不滿和憤怒。在長輩和師長面前，或在對方傷感的時候，最好不要刻意賣弄。

3.明確動機

幽默講求含蓄。它不是尖刻的諷刺，又有別於惡意的嘲笑，也不是指著禿驢罵和尚的譴責。實際上，幽默是對一些不良現象的善意批評，力圖透過「笑」果給人另一番不同啓示。

2

Chapter

學會做事之前，先學會說話

人們之所以會造成一些不和，大多與出言不遜有關。

要學會說話，首先應在言辭上注意尊重對方的人格。

就算寒暄，也要掌握重點

寒暄也要掌握重點，透過寒暄可以拉近彼此的距離，並藉此溝通感情，聯絡友誼，幫助自己在人際交往上更入佳境。

寒暄，聽起來好像沒什麼了不起，其實背後大有學問。

寒暄，能夠拉近人與人之間的心理距離，能產生認同心理，是人際交往中必不可少的一環。

寒暄，是人與人進行語言交流的方法之一，能使朋友合心領意會，讓不相識的人相互認識，使不熟悉的人相互熟悉，使單調的氣氛活躍，爲雙方進一步談打下良好基礎。

寒暄的形式，主要有以下兩種：

●路遇式寒暄

在路上或公共場所遇到熟人，禮貌地打個招呼，就是路遇式寒暄。

路遇式寒暄有兩種情況，一種是遇到經常見面的熟人，和對方握握手，說句「你好」、「上班去呀」，甚至只是相互點點頭、微笑一下、擺擺手，不用停下腳步，擦肩而過。

另一種，是在路上遇到較長時間沒有見面的熟人，這時則不可以點頭而過，而要停下來，多說幾句。如果正好有急事要辦，則要與對方說清楚狀況，表示歉意與遺憾後再離開，這是人際交往的基本常識。

●會晤前的寒暄

約會對象或客人來到之後，在交談正題之前的問候，就是會晤前的寒暄。

這裡同樣也包含了兩種情況，一種是常見的問候方式，如「您好」、「請進」、「請坐」等等。

另一種，是在特殊情況下的問候方式，如對病人、老人、師長、好友，或是遇到大病初癒、長途旅行、身遭不幸者，言語必須更加體貼，力求暖人心扉。

從寒暄的內容看，則有以下幾種方式：

●關懷式寒暄

這可說是最常見的寒暄方式。真摯深切的問候，對於加深人際間的感情，有著重要的作用。

●激勵式寒暄

這指的是在寒暄過程中，給人以鼓舞和力量。

若是運用得好，即便只是寥寥數語，也足以予人極大的激勵。

●幽默式寒暄

在寒暄中加點幽默詼諧成份，對於協調交際氣氛很有效果。人際間的溝通與友誼，往往是在幽默的寒暄中建立起來的。

●誇讚式寒暄

有人說，一早起床，如果能聽到諸如「您起得好早啊」、「您身體越來越好啦」之類的讚美式寒暄，能讓一整天的心情都舒坦、愉快。

當然，誇讚式寒暄也要講點技巧，重點就是讓誇讚的內容具體，才能產生最大的作用。

另外，寒暄時還應注意以下幾點：

- 注意對象：因人而異，不要像是老和尚念經，對誰都是一個調。
- 注意環境：在不同的環境中，運用不同的用語。
- 注意適度：適可而止，過多的溢美之詞只會給人虛偽客套感。

寒暄也要掌握重點，透過寒暄可以拉近彼此的距離，並藉此溝通感情，聯絡友誼，幫助自己在人際交往上更入佳境。

用幽默製造「笑」果

無論對於他人的讚揚與批評，或是對自己的自嘲與揶揄，甚至是對於敵人有力且辛辣的反擊，巧用幽默，都可以產生意想不到的效果。

清代才子紀曉嵐有許多幽默的言談流傳，至今仍為人津津樂道。

一日，他應邀參加一場貴婦人的壽宴，主人久聞他才華橫溢，便主動邀請賦詩祝壽。紀曉嵐也不客氣，隨口吟道：「這個婆娘不是人。」

語畢，滿座皆驚，主人露出不悅之色。

紀曉嵐並未理會，隨後念出第二句：「九天仙女下凡塵。」

這時候，大家才擊掌稱妙。

想不到掌聲一落，紀曉嵐接著又說：「子孫個個都是賊。」

在座眾人又面面相覷，不明白這是怎麼一回事。紀曉嵐不理不睬，繼續吟出末句：「偷得蟠桃獻慈親。」言畢，全場恍然大悟，齊聲叫好。

故事中，紀曉嵐採用的是倒置法，即在特定情況下，倒置事物的正常關係，產生使人驚異而後發笑的效果。

美國一位心理學家說過：「幽默是一種最有趣、最有感染力、最具有普遍意義的傳遞藝術。」

此言甚是。只要多注意觀察、善於總結，不斷提高自己，一定能成爲一個富幽默感的人，贏得更多友誼。

幽默是一種溫和、含蓄又機智對待生活的態度，是「天眞」與「理性」的巧妙結合，展現出的，是說話者的知識、修養，以及高雅的風度。

知名的英國首相邱吉爾，是一位能言善辯、風趣幽默的政治家。

有一次，一位女議員怒氣沖沖對他說：「如果我是你妻子，我一定會在你的咖啡裡放毒藥。」

邱吉爾立刻答道：「如果妳是我的妻子，我會喝掉它。」

另有一次，在邱吉爾脫離保守黨，加入自由黨時，一位媚態十足的年輕婦人對他說：「邱吉爾先生，你有兩點我不喜歡。」

「哪兩點？」

「你執行的新政策，還有你嘴上的鬍鬚。」

「您說的有理！不過，夫人……」邱吉爾彬彬有禮地回答道，「請不要在意，因為您沒有機會接觸到其中任何一點。」

在這裡，邱吉爾正是巧妙地運用了幽默的語言藝術，協助自己擺脫尷尬。儘管外在形式溫和，但又隱約蘊含著批判，使用了「棉裡藏針」的技巧，讓對方雖惱怒，卻又不便發作。

幽默語言的魅力，正如特魯．赫伯所言：「這是一種最有感染力，最具有普遍意義的傳遞藝術。」

無論對於他人的讚揚與批評，或是對自己的自嘲與揶揄，甚至是對於敵人有力且辛辣的反擊，巧用幽默，都可以產生意想不到的效果。

用幽默化解尷尬

當你因為某種原因碰上尷尬場面，最好的選擇是隨機應變，聯繫當時所處的具體場景，借題發揮，用自嘲的方式來化解。

化解尷尬的最好辦法，無疑是幽默。

「幽默大師」林語堂有一次乘船旅行，在船上見到一個外國人，正閱讀著他所寫的英文版《生活的藝術》。

想不到那老外見林語堂身著大褂，以為是個鄉巴佬，竟鄙視地對他說：「老兄，你看得懂嗎？」

林語堂不慍不惱地用英語對他說：「看不懂，不過這本書是我寫的。」

說罷，他微笑著掉頭離開，留下那一臉愕然的老外。

看完這故事，會心一笑之餘，你是否也得到一些啟發？

還有另一個有趣的小故事，也與幽默和尷尬有關，是這樣說的：

世界著名的大文學家歌德，有一天到公園散步，迎面走來一位曾經對他的作品提出過尖銳批評的批評家。

這位批評家站在歌德面前，高聲喊道：「我從來不讓路給傻子！」

歌德卻答道：「而我正好相反。」一邊說，一邊滿面笑容地讓到一邊。

不論是林語堂也好，歌德也罷，他們的幽默，無疑都避免了一場無謂的爭吵，同時也消除了自身的惱怒，並充分顯示心胸和氣量。

其實，每個人都可以變得幽默，它不是天才、高智商、喜劇演員的專利品。只要學習讓嘴角向上翹，換個角度欣賞事物，誰都能擁抱幽默。

使人歡笑，使人快樂，做愉快的事、說愉快的話，就能把歡樂散佈到四周，把話說到別人的心坎裡。

不過，有一點必須注意：幽默並不是隨時隨地都可以運用的，應在某些特定的場合和條件下發揮。若在正式的會議上，別人發言時，突然冒出一兩句逗人的話，無論有多麼好笑，都不合適。

不少人開玩笑時把握不住分寸，結果弄得大家不歡而散，影響了彼此的感情。由此可見，幽默雖好，卻不能亂用。如果當時的條件並不合宜，卻偏要刻意表現幽默，結果必定適得其反。

眞正的幽默，就像是言語的魔術，引來會心的一笑。最後，讓我們再來看看幾個成功的小例子：

•故事一

一個從俄亥俄州來的人，前往拜訪林肯總統。與此同時，正有一隊士兵在門外等候接受訓話。林肯請這位朋友隨他外出，並繼續密談。不料，當他們行至迴廊時，軍隊齊聲歡呼起來。

那位朋友這時應該識趣地退開，但他並沒有這樣做。於是一位副官主動走到那人面前，囑咐他退後幾步。

此人這時才發現自己失態，窘得滿臉通紅。

一旁的林肯見狀，立即微笑著說：「白蘭德先生，你得知道，他們也許分辨不出誰是總統呢！」

在最難堪的一瞬間，林肯用幽默化解了窘迫。

•故事二

一位官員應邀參加一個美展，站在一幅僅以幾片樹葉遮蓋的女性裸體畫前，半天沒有離開。女導覽員走過去，笑容滿面地說：「先生，秋天還很遠，樹葉落下的日子還早著呢！」

一句善意而幽默的提醒，化解了當時的尷尬。

•故事三

有一次，美國總統雷根在白宮的一場鋼琴演奏會上講話。他的夫人南茜卻忽然一個不小心，連人帶椅跌倒在了台下的地毯上。

正在講話的雷根見夫人並未受傷，於是插入一句俏皮話：「親愛的，我告訴過妳，只有在我沒有獲得掌聲的時候，妳才需要這樣表演。」

台下立刻響起一陣熱烈的掌聲。

・故事四

有一位默默奮鬥多年的女演員，終於在影展上獲獎。

因為太過激動，走上領獎台的途中，她腳下一歪，跌倒在地上。

但這女演員並不慌張失措，馬上站起來，對著全場笑說：「成功的道路就是這麼走出來的，不斷跌倒，再不斷爬起來！」

當你因為某種原因碰上尷尬場面，最不好的選擇是滿臉通紅或者竭力迴避，最好的選擇是隨機應變，結合當時所處的具體場景，借題發揮，用自嘲的方式來化解。林肯、雷根和那位女演員便是如此，運用幽默化險為夷，出奇制勝，不僅獲得意想不到的效果，表現出他們的機智、豁達，更拉近了自己和他人的距離，詮釋了利用幽默溝通的經典範例。

格調高雅的幽默，能消除溝通中的僵局，恰到好處的幽默，更是智慧的展現。一旦掌握這門社交藝術，你會發現，與人溝通是一件再快樂不過的事。

自我解嘲，把話說得更巧

主動用幽默的自嘲把可能被人嘲笑的地方點出來，既解除了自己的心理壓力，又讓對方感覺到你的坦誠與可愛。

自嘲，是透過自我嘲弄的形式，自貶自抑，堵住別人的嘴巴，以求擺脫窘境，進而爭取主動的一種說話謀略。

但是，這種策略的施行，有一定的難度。

當自己有被人嘲笑的缺點，或者處於可能感到尷尬的場面時，內心總難免緊張。自嘲的效果，正在於既擺脫了別人的嘲笑，又不至於讓人過分看輕，覺得連你都把自己貶得一無是處。

如何說話，才能把握好這個度呢？

首先注意，自嘲得講究場合的選擇，在不適宜自嘲的地方自嘲，可能適得其反。聰明區分各種場合，就顯得十分重要。

歸納起來，自嘲大致有以下幾大作用：

•先發制人

一八六二年的一天，美國著名的黑人律師約翰．馬克即將上台演講。會前他被告知，聽眾絕大多數都是白人，而且不少人對黑人懷有成見，於是他臨時決定放棄原來的開場白，一上台就從爭取聽眾的心入手。

他這樣開始了演講：「女士們，先生們，我到這裡來，與其說是發表演講，倒不如說是給這一場合增添『色彩』。」

聽眾大笑，氣氛活躍起來，對立的情緒無形中被笑聲驅散。儘管他後面的演說言辭激烈，但會場秩序始終很好。

在生活和工作中，任何人都不可能被別人完全了解，對某類問題甚至某類人懷有或多或少的非善意偏見，難以避免。

偏見像堵牆，能隔離友好和理解，帶來誤會和矛盾。此時，妙用自嘲法，消除對方的偏見，能爲雙方的正常交流打開通道。

在別人進行攻擊之前，若能先發制人，自揭傷疤，主動用幽默的自嘲把可能被人嘲笑的地方說出來，既解除了心理壓力，又讓對方感覺到你的坦誠與可愛，縮小了雙方的交際距離。

將這招用在與對方初次打交道時，往往能收到奇效。

●解除尷尬

二十世紀五〇年代初，一次，美國總統杜魯門會見麥克阿瑟。

談話中，麥克阿瑟拿出他的煙斗，裝上煙絲，把煙斗叼在嘴裡，取出火柴。直到準備畫燃火柴時，他才停下來，轉過頭看看杜魯門總統，問道：「我抽煙，您不會介意吧？」

顯然，這並不是真心徵求意見，在他已經做好準備的清況下，對方說介意，只會顯得粗魯霸道。

杜魯門有些難堪，但只盯了麥克阿瑟一眼，隨即便自我嘲諷道：「抽吧！將軍。噴在我臉上的煙霧，比噴在任何一個美國人臉上的都多。」

生活中，我們會碰到許多人的觸犯，其中不乏惡意挑釁，目的就是讓你難堪，沒有台階下。

面對這種情況下，很多人都束手無策。有的人會說一些有損自己尊嚴的話，以求走出困境，有的人則直接反擊，但這些只會招來外人的嘲笑。

其實，恰當地應用「自嘲」，完全可以使自己處於比較有利的位置。

當言談陷入窘境時，逃避嘲笑並非良方，怒不可遏地反唇相譏，更可能遭到更多嘲諷，與其如此，倒不如自嘲自諷，反而顯得豁達和自信。這種超脫既讓自己擺脫自尊心的束縛，又堵住了別人的嘴巴。

自嘲自諷、自暴其醜，顯示了一個人的責任心和坦誠。勇於暴露自己的問題，揭露自己的缺點，更會被人視爲可靠。

・增添情趣

在一些交際場合，運用自嘲可以增添談話樂趣，融洽現場氣氛，增進彼此的了解和友誼。

胡適在某大學講課時，引用了不少孔子、孟子的話，於是便在黑板上寫上「孔說」、「孟說」。等到發表自己的意見時，便聽他說道：「因為我姓胡，就為胡說。」並在黑板上寫下「胡說」兩個大字。

學生們一看，大笑不已，課堂氣氛一下子活絡起來。

對於社會上的邪風惡俗，運用自嘲嬉笑怒罵，寓莊於諧，也是一種抨擊世俗的有效方法。

自嘲自諷術的巧用，可以使言談增添風采，在幽默、風趣、令人愉悅的情況下，取得令人滿意的結果。當然，自嘲自諷，總要注意場合，審時度勢，相機而行，如此才能充分發揮獨特的效果。

開玩笑，要開得剛剛好

開玩笑不能過分，尤其要分清場合和對象。這就如同發揮幽默也得把守一定的限度，既要適時，又要適當。

在人際交往中，開個得體的玩笑，可以鬆弛神經，活躍氣氛，創造出適於交際的輕鬆愉快氛圍。正因如此，言語詼諧的人常常受到歡迎與喜愛。

但是，開玩笑並非萬靈丹，若是開得不好，反而會導致反效果，傷害彼此的感情。開玩笑之前，切記將分寸掌握好。

• 內容要高雅

笑料的內容，取決於開玩笑者的思想、情趣與文化修養。內容健康、格調高雅的笑料，能給對方啓迪和精神的享受，也是對自己美好形象的有力塑造。

鋼琴家波奇在一次演奏會上，發現賣座不佳，全場有一半座位都空著，於是對聽眾說：「朋友們，我發現這個城市的人們都很有錢，因為你們每個人都買了兩三個座位的票！」

半屋子的聽眾都放聲大笑，波奇無傷大雅的玩笑話不但化解了賣座不佳的尷尬，更提升了他的形象。

●態度要友善

與人爲善，是開玩笑的一個原則。

開玩笑，本身求的還是感情上的互相交流傳遞。若假借開玩笑對別人冷嘲熱諷，發洩內心的厭惡、不滿，只會招致反感。即便表面一時占了上風，長遠來看，也毫無好處

●對象要分清

同樣一個玩笑，能對甲開，不一定也能對乙開。人的身份、性格、價值觀不同，對玩笑的承受能力也不同。

若對方性格外向，能寬容忍耐，玩笑稍微過頭也能得到諒解；若對方性格內向，喜歡琢磨言外之意，開玩笑就應慎重了。

開玩笑時，還要注意臨場狀況：儘管對方生性開朗，可今天恰好碰上不愉快或傷心的事，這時就不能隨便開玩笑。相反的，對方性格內向，但此時正好喜事臨門，與他開個玩笑，效果會出乎意料地好。

此外，還要注意以下幾點：

1. 和長輩、晚輩開玩笑，忌輕佻放肆，特別忌談男女情事。

2. 和不熟悉的異性單獨相處時，忌開玩笑。哪怕僅僅是一般的小玩笑，也可能引起對方的反感，或者導致旁人的猜測非議。

3. 和身有殘疾者開玩笑，要注意避諱，並且將心比心。人人都怕別人拿自己的短處開玩笑，殘障人士尤其如此。

4. 朋友正在陪同客人時，忌開玩笑。人家已有共同的話題，已經形成和諧融洽的氛圍，突然介入，意圖他們轉移注意力，打斷原本的話題，破壞談話的雅興，會給人不好的印象。

●場合要適宜

美國總統雷根曾在一次會議前，爲了試試麥克風是否可用，張口便說：「先生們，請注意，五分鐘之後，我將對蘇聯進行轟炸。」

這話一出，衆皆譁然。雷根在錯誤的場合、時間，開了一個極爲荒唐的玩笑。事後，蘇聯政府對此提出最強烈的抗議。

總的來說，在莊重嚴肅的場合，不宜開玩笑。

開玩笑不能過分，尤其要分清場合和對象。這就如同發揮幽默也得把守一定的限度，既要適時，又要適當。

不看時機，小心傷人傷己

為幽默而幽默，只會顯得不倫不類，不但不能成為溝通中的「潤滑劑」，反而還可能增加人際之間溝通的「摩擦係數」。

有一些人能把幽默的力量運用得自如、眞實、自然，不聳人聽聞，也不譁眾取寵，更不是做戲。這是因爲他們知道，太精於說妙語和笑話，對個人形象並無眞正幫助。

笑別人之前，先笑自己的觀念、遭遇、缺點乃至失誤吧！有時候，甚至還可以笑一笑自己的狼狽處境。

如果你連自己都不敢嘲笑，那就沒有權利和別人開玩笑。

玩笑、幽默都是人際交往的潤滑劑，有了它們，我們的溝通活動會更加順利，人際關係也會更加和諧。經常有人說，幽默是生活的調味料，能使我們的生活更加有滋味，道理便在此。

但是，我們必須知道，任何調味料都不可濫用，就好比鹽，用一點可以使菜味鮮美，但用得太多，便讓人難以下嚥。玩笑、幽默技巧也切忌濫用，否則免不了傷害別人，也傷害自己。

據說蕭伯納少年時很聰明，卻總是出語尖酸，人們只要和他談過一次話，便有被傷得「體無完膚」的感覺。

一次，他的一位朋友在散步時對他說：「你現在常常出語幽默，不錯，非常風趣。但是你知道嗎？大家都覺得，你若不在場，氣氛才會更好，因為所有人都比不上你，有你在，大家都不敢開口了。你的才華確實比人略勝一籌，但再這麼下去，所有朋友將逐漸遠離，這又有什麼益處呢？」

這番話猶如醍醐灌頂，蕭伯納登時如夢初醒，從此下定決心，改掉濫用幽默的習慣，把天份全部發揮在文學上，由此建立文壇大師地位。

發揮幽默，一方面要看清對象，另一方面還要抓住時機。發揮幽默也需要「素材」，比如場合、情境等，這些就像我們所說的「機遇」，可遇而不可求，關鍵在於能否體察現況，隨機應變。

爲幽默而幽默，只會顯得生硬、不合時宜、不倫不類，不但不能成爲溝通中的「潤滑劑」，反而還可能增加人際之間溝通的「摩擦係數」。

玩笑、幽默，切記濫用，適度就好。

妥善運用批評的藝術

不要亂批評別人，這是立身處世的信條，不過，絕對不批評別人是不可能的，真正應該花心思研究的，是如何正確地批評別人。

說話是最容易的事，也是最難的事。

同樣的一句話，有人說出口來如鈴聲般悅耳，讓人容易接受；有人說出口來，則如蛙聲般噪耳，讓人難以接受。在在說明了，說話應該講究技巧和藝術。

有一個愛好攝影的人，拿了一疊自己的攝影作品去拜訪一位攝影家，請他指教。攝影家把所有作品看了一遍，熱心地告訴他哪一張曝光時間過久，哪一張光圈小了一些，哪一張取景需要變換角度……

想不到在這位攝影家進行「指正」時，來請教的人總是找一番理由為自己辯護，不是說當時天氣不佳，就是說取景時找不到合適的立足地等等，如此囉嗦了半天，就是不肯承認自己的技術還不夠好。

攝影家覺得又好氣又好笑，直說：「我真傻，何必說那麼多話呢？」

人們做錯了事，或做了件吃虧的事，除非他自己主動提出來，否則多半不會坦白地承認錯誤。

若是不相信，不妨在周圍的朋友或家人中做個實驗試試看，你會發現，無論是小疏忽或大錯誤，都沒有幾個人能在別人指出後立即坦率地、不爲自己做任何辯解地承認。

不要亂批評別人，這是立身處世的信條，不過，事情有時並不那麼簡單，有些情況我們卻不能不說。譬如父親批評兒子，主管批評下屬，即使相當知己的朋友，有時候也免不了要批評幾句。

絕對不批評別人是不可能的，我們眞正應該花心思研究的，是如何正確地批評別人。

第一，表現出同情心，這樣不僅不會犯吹毛求疵的毛病，而且對別人犯錯誤的原因也會加以分析，給予諒解。應時時想著自己和對方站在一起，而不是和他對立。

第二，說話要委婉和藹，不要用過分刺激或讓人聽了不舒服的字眼。「你真蠢，這件事完全搞錯了！」這樣說話，相信沒有人可以忍受，無論是父親對兒子，或是主管對下屬。

第三，首先對他人所犯的錯誤表示理解和同情，減少被指責者的不安，然後再用溫和的態度指出錯誤所在。

第四，指正的話越少越好，用一兩句使對方明白就夠了，然後就可以把話題轉到其他地方，切忌嘮叨不休。

第五，對方做了一件事情，其中錯誤的地方固然應該指出，但做得正確的地方也要加以讚揚，這才能真正令人心悅誠服。

第六，改變對方的觀點時，最好設法將自己的觀點暗中移植過去，使他覺得是他自己做了改變，而不是因爲你的指正。

第七，對於那些無可挽回的錯誤，應當站在他的立場上，給予懇切的指正，避免過分嚴厲的責問。

第八，糾正對方的做法時，最好用疑問式的口吻，而不要用命令語氣。「你不應該用紅筆寫！」與其這樣說，倒不如換個方式：「你是否覺得，不用紅筆會更好一些？」

第九，採用聲東擊西的方法，這裡可以舉一個例子說明。

有一個小學生，數學成績很差。一次考試結束後，父母親打開成績單一看，數學竟然只有三十七分。

父親卻若無其事地說：「分數怎麼會那麼低呢？大概是學校不小心填錯了吧！不過我想，下次應該就正常了，學校不會錯兩次的。」

從此以後，這個小學生的數學有了顯著的進步，每次考試都能得到高分。原因很簡單，關鍵就在於父親對他說的那句話。簡簡單單的一句話，不但保住了這個學生的自尊心，同時也對他提出下不爲例的警告，促使奮發學習。

會做事之前，先學會說話

許多人之所以辦事失敗，導因於交際過程中，交流語言不得體，使本來應該可以順利解決的問題，被不得當、不中聽的話語給搞砸。

任何人都希望得到別人的尊重，無論是誰，遭到他人的言語汙蔑和攻擊後，都會不同程度地運用語言來還擊和自衛。

日常生活中，人們之所以會產生不和，大多也與出言不遜有關。因此，要學會說話，首先應在言辭上注意尊重對方的人格，以禮待人。

語言上的以禮待人，主要展現在以下幾個方面：

• 講究「衛生」，不說髒話

髒話最容易把人激怒，人只要一發怒，談話就難以繼續進行。

所以，與他人談話時，一定要在嘴巴旁多設幾個「哨兵」，千萬別讓有損對方人格的髒話出口。

• 控制情緒，不說氣話

無論是對熟人還是陌生人，無論對老還是少，說出帶有嚴重情緒的話，尤其是氣話，無疑會讓對方難以接受，不是立刻與你爭吵，就是轉身就走。

所以，與人交談時，千萬不要顯著地表露出自己的不滿，更不能隨意地說氣話。倘若對方生氣了，不妨在語言上勸慰和忍讓。

• 主動檢討，不說空話

主動地、實事求是地檢討自己的過錯，求得諒解，這是尊重對方人格的一種最實際表現，同時也能喚起對方的同情之心，做出友好的表示。

• 平等相待，不說「官」話

不要以爲自己的職位比對方高，年資比對方長，或者認爲「眞理」在自己這一方，就在與對方交往時打官腔，甚至頤指氣使，藉勢壓人。

應把自己擺在與對方平等的位置上，以商討的語氣、溫和的語調、容易被接受的言辭，進行交談。

・友好熱情，不揭隱私

隱私，是指人們不願告訴別人或不願公開的事，人皆有之。不願告人的事，卻被公諸天下，這是對對方人格的不尊重，最容易傷人的心。把別人的隱私當作威脅的做法，更是不可取。

成功學研究顯示，許多人之所以辦事失敗，導因於交際過程中，交流語言不得體，缺乏藝術性，使本來應該可以順利解決的問題，被不得當、不中聽的話語給搞砸。

許多案例都充分顯示了語言技巧在爲人處事中舉足輕重的作用，學會辦事的首要前提，就是學會說話。

親切，是建立關係的要訣

恰當地使用禮貌用語，表示心中的感激或歉意，有助於暢通人與人之間的溝通，是建立融洽的人際關係的第一秘訣。

無論是誰，都希望得到他人的尊敬。要想滿足人們的這種心理要求，與人交往就要多使敬語。

使用正確的敬語，才能向對方傳達尊敬的心情。否則，無論你心中多麼尊敬對方，這份心意都無法傳遞出去。

接待顧客時，使用正確的敬語，一般人都能夠做到，但與上司、長輩、同事交往，就難免出現有失禮節的話。

人們不習慣與比較熟悉的人使用敬語，但要想和上司、前輩、同事建立良好的人際關係，仍需要充分認識使用敬語的重要。

人際交往中常用的敬詞有很多，如稱呼時用「您」、「先生」、「夫人」、「小姐」……等，與別人聯繫時用，「請問」、「勞駕」、「敬請光臨」、「請大力協助」、「請多關照」……等。

想要把話說進對方的心坎裡，應從底下幾個大方面著手，在日常生活中，儘量地使用禮貌用語：

・使用見面語、感情語、致歉語、告別語、招呼語

早晨見面互問「早安」，平時見面互問「您好」；初次見面認識，主方可用「您好」、「很高興認識你」，被介紹的一方可用「請多幫助」、「請多指教」。分別時說「再見」、「請再來」、「歡迎您下次再來」；特定情況的告別，可用「晚安」、「祝您健康」、「祝您一路順風」；得到別人幫助後說聲「謝謝」、「費心了」、「多虧您的幫助」、「實在過意不去」；有求於人時

說聲「請」、「麻煩您」、「勞駕」、「請問」；打擾別人或有愧於人時說聲「對不起」、「請原諒」、「很抱歉」；回應對方道謝或道歉之時則說「別客氣」、「不用謝」、「沒什麼」、「請不要放在心上」。

•養成對人用敬語、對己用謙語的習慣

一般稱呼對方用「您」，對長者用「先生」，千萬不要用「喂」、「老傢伙」、「老太婆」、「老頭」等。對少年或兒童，用「小朋友」、「同學」，避免用「小子」、「小東西」等。

稱呼別人的量詞用「位」，如各位、諸位，對自己或己方則用「個」。

•多用商量和祈求，少用命令語氣的語句或無人稱句

如「您請坐」、「希望您一定來」、「請打開窗戶好嗎」、「請某某同學回答」、「請讓開一些」。

這樣的話語氣文雅、謙遜，而且目標明確，讓人樂於接受。

・說話要考慮語言環境

面對不同場合、不同情況、不同的談話對象，需要用不同的詞語、語調和語氣。同一個詞語，用不同的語調和語氣說出，在不同的場合、情況下，會產生不同的效果。例如「對不起」這個詞語，因說話人的語調、語氣差異，可以是威脅、諷刺，也可以表示歉意。

其次，要考慮不同的環境和對象。例如在台灣，有些人見面時，非常習慣用「吃飽了嗎」當作招呼，但在其他國家就未必合適。

・注意說話的空間和時間

談話人具備的不同身份，也決定了態度的差異。面對長者、上級、師輩，談話的距離太近或太遠都顯得失禮。平輩之間的顧慮比較少，但異性之間談話，距離仍不宜太近。

說話的時間過長，容易使人疲倦厭煩，若是過短，則對方可能不理解意思，中途停頓，只說一半就不說了，更是不妥。

總之，要根據時間、地點、對方的年齡、性別、職業，以及和自己的關係，恰當地選擇禮貌用語。

・態度要誠懇，語言要親切

話語本身的用途，在於傳遞思想並表達感情，因此，說話時的神態、表情、語言，至關重要。

舉一個例子，當自己有求於人時，必須誠懇有禮貌地陳述請求。即使對方無法幫助，也不能表露出不愉快，並且不忘表示感謝。

請求別人時，嘴上說得十分動聽，一旦得不到允諾，臉上立刻冷若冰霜，對方一定會把你當作一個現實勢利的人。

得到別人的幫助，應眞誠地說一聲「謝謝」。如果你不說出口，只把感激之情埋在心底，對方會有不快的感覺，因爲他的付出沒有得到肯定，必定會認爲你不懂禮貌，今後不會再幫助你。
同理，打攪別人、給人添麻煩時，也要能眞誠地說一聲「對不起」。恰當地使用禮貌用語，表示心中的感激或歉意，有助於暢通人與人之間的溝通，是建立融洽的人際關係的第一秘訣。

3

Chapter

先讚美，然後再責備

先表示讚揚，用讚美的話語當中和劑，

令對方反駁不是，發怒也不是，

再有理有據地批評，更能令人心悅誠服地接受。

先讚美，然後再責備

先表示讚揚，用讚美的話語當中和劑，令對方反駁不是，發怒也不是，再有理有據地批評，更能令人心悅誠服地接受。

一般情況下，批評指責都讓人難以接受。如果在展開批評前適當地加入一些讚美，則會收到意想不到的效果。

• 先讚美，後將軍

A國援建B國一大型工程，興建過程中卻遇到了停電的困擾，難以如期完工。工程隊負責人找到B國電力委員會經理，誰知對方百般推搪。碰釘子後，A國負責人決定智取。

他先設宴款待這位經理，不斷以外交辭令誇讚對方「很有才幹」，感謝他對雙方的支援與合作「卓有成效」。正當對方喜不自禁時，他話鋒一轉，以調侃的語調說：「我們如果不能按期完工，固然要負起責任，您作為這個項目的總負責人，也免不了受到負面影響。上頭要是追究下來，您恐怕……」

此言在軟硬夾攻中點明要害，立即引起了對方的重視。這位經理只得笑道：「不會延期的，絕對不會。」

隔日，工地的供電順利恢復。

工程隊負責人藉以打動對方的，正是「先讚美，後將軍」的套路，由此充分顯示出話語的分量來。

‧適度的讚美

歐美一些企業家主張使用「三明治」批評法，即在批評別人前，先找出對方的長處，讚美一番。同時，也要力圖使談話在友好的氣氛中結束，批評後同樣要再使用一些讚揚詞語。

這種兩頭讚揚、中間批評的方式，很像夾著餡料的三明治。用這種方式處理問題，對方可能不會那麼難爲情，可以減少對方被激怒所引起的衝突。

這種方法在很多情況下都很有效，主要優點在於批評者提到了對方的長處，無形之間產生替對方迴護的作用。

也許被批評方的能力、爲人、工作是否努力等方面，有很多可以肯定的地方，批評者如果視而不見，很可能會給人不公平的感覺，認爲自己多方面的成績或長期的努力，沒有得到應有的重視。

批評者首先讚揚對方，就能夠避免這種誤會，使他知道批評是對事而不是對人，自然會放棄用辯解甚至爭執來維護自尊心的做法。

試想一下吧！先聽到別人對我們的某些長處表示讚賞，然後再聽到他的批評，心裡往往會好受得多，不是嗎？

麥金尼在一八九六年競選美國總統時，就曾採用過這種方法。

那時，共和黨內有一位重要人物，替麥金尼寫了一篇競選演說稿，並自以為寫得高明，便大聲地念給麥金尼聽，語調鏗鏘，聲情並茂。

然而，麥金尼聽後，卻覺得有些觀點很不妥當，可能會引起批評風暴。很顯然，這篇演講稿不能用。

他沒有直接拒絕，而是這樣說：「我的朋友，這是篇精彩有力的演說，我聽了很興奮。在許多場合中，這些話都是完全正確的。不過，用在目前這種特殊場合，是不是也同樣合適呢？我不能不以黨的觀點考慮它將帶來的影響。請你根據我的提示，另外再寫一篇演說稿，然後給我一份副本吧！怎麼樣？」

那位重要人物沒有二話，立刻照辦。

指出別人的缺點，可能會與對方意思相違而造成傷害，也可能會因對方態度的蠻橫而傷及自己，這時，就需要用讚美的話語當中和劑，令聽者反駁不是，發怒也不是，再提出有理有據的批評，令他心悅誠服地接受。

一位部門科長一大早見到他的秘書，誇她，「妳昨天擬的那份報告很好，我很喜歡。」

女秘書聽了，受寵若驚。只聽科長又不急不徐地接著說：「如果能再注意一下錯別字，一定能夠更好。」

用讚美中和批評，就像在很苦的藥丸外面裹上糖衣，先讓人感到甜，容易一下子吞到肚裡。等藥物進入腸胃，藥性再發生作用。病人既不會感到藥苦，難以下嚥，又能把病給治好。

良藥未必苦口，批評也要講究方法。不顧時間、地點、對方心理，直接了當、劈頭蓋臉就是一陣冷言惡語，不僅達不到批評目的，還會適得其反。和風細雨地指出錯誤和缺點，你的批評才能產生良性效果。

多一點激勵，就多一點效益

多一分激勵，就多一分效益，別吝嗇你的那份言語陽光，應該讓它普照周圍的每一個人，讓它照進他們的心坎裡！

很多人都有這樣的困擾，當朋友遇到不順心的事，感到心灰意冷的時候，說什麼樣的話，才能達到最佳效果？

在生活中，少一分指責，多一點嘉許，不僅令事情做起來得心應手，也能給予對方愉悅的心情，何樂而不爲呢？

許多年以前，有一個十歲的小男孩在工廠裡工作。他一直喜歡唱歌，夢想當一個歌星，但他的第一位老師非但沒有給他鼓勵，反而使他洩氣。他說：「你不適合唱歌，根本五音不全，唱出來的聲音就像風在吹百葉窗一樣。」

但是，男孩的母親，一位窮苦的農婦卻對這樣的批評不以為然，她摟著自己的孩子，激勵他說：「孩子，你能唱歌，你一定能把歌唱好。瞧！你現在已經有了很大的進步。」

這位母親的鼓舞，給了孩子無窮的力量，徹底改變了他的一生。他的名字叫恩瑞哥．卡羅素，那個時代最偉大、最知名的歌劇家。

假若在這個小男孩的童年，沒有母親的激勵與稱許，只有那位老師的無情打擊，毫無疑問，這個世界會少一位著名的歌劇家。

減少批評，多多激勵，人的良好行爲會增加，那些比較不好的行爲則會因爲受忽視而逐漸萎縮。

我們不應當老是從自己的角度看事情，也不該懷著私心，只是因爲對事物不感興趣，就對他人的行爲採取貶低或批評。

沒有愛迪生的母親對兒子孵小雞行爲的肯定與讚許，也許人類要晚好幾十年才有電燈；英國作家韋斯特若沒有得到老校長的激勵，可能就沒有日後的無數本暢銷書，英國文學史將缺失不可彌補的一頁。

那一句微不足道的激勵，給了那些需要動力的人無窮的力量，給了那些身處逆境的人奮鬥的信心！誰又能小看它呢？

在《孩子，我並不完美，這只是眞實的我》這本書裡，著名心理學家傑絲．雷耳評論道：「激勵對溫暖人類的靈魂而言，就像陽光，沒有它，我們無法成長開花。但是大多數的人，只是敏於躲避別人的冷言冷語，卻吝於把激勵的溫暖陽光給予別人。」

多一分激勵，就多一分效益，別吝嗇你的那份言語陽光，應該讓它普照周圍的每一個人，讓它照進他們的心坎裡！

面對窘境，要保持鎮定

特殊局面的出現，往往是剎那間的事情，如果大驚失色，缺乏鎮靜，只會讓自己手足無措。此時要注意在心理上保持穩定，鎮靜自若地面對。

日常生活中，意想不到的事情總是不斷發生，不是自己突然失言失態，就是對方的反應出乎意料，或者周圍的環境發生難以預知的變化。

這些猝不及防的改變，往往使我們陷入進退維谷中，如果處理得不好，更可能狼狽不堪，尷尬無比。

其實，對於讓人難堪的窘境，有很多種化解辦法，關鍵在於隨機應變。

隨機應變是社交技巧中一種極爲高超的能力，要做到這一點，必須具備非常敏銳的思維，更需要比較長期的模仿、學習和應用訓練。

一般說來，隨機應變可以透過如下方法展現：

・機智

如果說出的話有疏漏，就只有立即發揮隨機應變的能力，盡快適應變化的情境和話題，修正言談內容，進行最快速的調整，避免尷尬。

・幽默

與人發生矛盾時，拋出一兩句幽默的語言，能產生神奇的效果，瞬間化解僵局，舒緩緊繃的氣氛，使窘迫難堪的場面在笑語中消失得無影無蹤。

・鎮靜

特殊局面的出現，往往是剎那間的事情，如果大驚失色，缺乏鎮靜，只會讓自己手足無措，亂上添亂。此時要注意在心理上保持穩定，鎮靜自若地面對出現的各種問題，才有可能巧妙機智地應付特殊場合。

交往中形勢的變化難以預料，如果能自始至終處於引導地位，就能保證形勢按照你的要求與意願發展和變化。

但是「天有不測風雲」，有時仍難免會被對方抓住空檔乘虛而入。處於被動局面時，擺脫困境的技巧就非常必要了。

具備隨機應變的能力，無論發生什麼事，都能夠兵來將擋，水來土掩，見方則方，遇圓則圓，應付自如。

「人有失足，馬有漏蹄」，在交際過程中，無論凡人名人，都免不了發生言語失誤。雖然個中原因有別，但造成的後果卻是相似的，或是貽笑大方，或是糾紛四起，有時甚至不堪收拾。

那麼，能不能採取一些補救措施或者彌補之術，避免言行失誤帶來的難堪局面呢？答案是肯定的，有以下兩個要點。

●借題發揮息眾嘩

據說有一次，司馬昭與阮籍同上早朝，忽然有侍者前來報告，有人殺死了自己的母親！

放蕩不羈的阮籍一聽，不假思索便說：「殺父親也就罷了，怎麼能殺母親呢？」此言一出，滿朝文武大嘩，認爲他「抵括孝道」。

阮籍意識到言語的失誤，連忙解釋說：「我的意思是說，禽獸只知其母而不知其父。殺父就如同禽獸一般，殺母呢？連禽獸也不如了。」一席話，使衆人無可辯駁，阮籍幸運地避免了禍事。

●坦率道歉莫遮醜

對待言語失誤，公開道歉有時比硬拗、掩飾更高明。

在社交中，誰也不能預料到一切，難免會出現變數。這時，原來準備應付的情況全變了，不能再以不變應萬變，只好以變應變了。

換個角度，對方才會心服口服

人們通常會為自己的謊言尋找各種藉口，想加以戳穿，必須巧妙地指出對方自我矛盾之處，才能說得他口服心服，主動地改正錯誤。

一個人的應變能力，以人生經驗爲基礎，經過多次實踐，必然會變得老練聰明。與此同時，也可以反映出一個人的機智和修養。

在這方面功底深厚的人，才有可能在情況發生變化時化險爲夷，化拙爲巧，使自己擺脫尷尬，在交際中取得良好的效果。

要能夠以變應變，首先要做到以下幾點：

- **無論出現什麼情況，都保持高度的冷靜**

假如在一次商務交際中，對方談及價格時，突然揭了你底，說你給某公司的價格很低，給他們的過高，實在是太欺負人了，該怎麼應付？

首先，你必須保持冷靜，情緒過分緊張或者激動都不行。理虧地承認事實（這就意味著在價格上讓步，但信譽免不了受到損失，失去對方的信任），或者憤怒爭辯，拚命否認，很可能當場就不歡而散。

但是如果保持冷靜，便有可能很快找出理由，比如價格低並不保證退換維修，或某一方面沒有運用新材料、新技術，或者在付款形式、供貨期限、品質保險等方面有差異。無論如何，你總能夠找出合適的理由來挽救局面，使彼此都有繼續商談的機會和可能性。

●巧妙地轉移話題，分散別人的注意力

一旦說錯了話或者做錯了什麼事，除了迅速承認錯誤之外，還要學會巧妙地轉移話題，把別人的注意力吸引到其他方面。

比如用幽默或玩笑的方式轉移目標，把關於人的事扯到某種物上面，把令

人緊張的話題變成輕鬆的玩笑。

當然，想要順利進行，需要口才和應變能力的幫助。

此外，在談話中，當對方堅定地表達了一個觀點，如果你不同意，要改變他的觀點時，首先要顧全他的面子。

畢竟，要他轉變立場同意你的意見，就等於要他放棄先前堅持的一切，承認自己的想法是錯誤的、不合適的，這並不容易。

談話精明者知道如何給人面子，使對方不至於因爲出爾反爾而下不了台。

一家百貨公司來了一位顧客，要求退換她買的一件外衣。她已經把衣服帶回家，並且穿過了，只是她丈夫不喜歡，她卻堅持「絕沒穿過」。

售貨員檢查了外衣，發現有不明顯的洗過痕跡，但直接了當地指出，顧客絕不會輕易承認，因為她說了「絕沒穿過」。這樣做，只可能在雙方之間引發一場爭執。

於是，機敏的售貨員說：「您可否想一想，您家裡是否有人誤把這件衣服放進洗衣機洗過了？記得不久前，我也有過同樣的經歷，把一件剛買的衣服和其他衣服一起堆放在沙發上，結果我丈夫沒注意，把它們全塞進了洗衣機裡。我想您應該是遇到了相似的情況，因為這件衣服上，的確有洗過的痕跡。」

顧客想了一下，知道無可辯駁，售貨員又為她的錯誤準備好了藉口，給了她一個台階，於是她順水推舟，乖乖地收起衣服走了。

正因爲售貨員把話說得婉轉，使她不能撕破臉，又不好意思繼續再堅持。一場可能的爭執，就這樣被聰明地避免掉。

人們通常會爲自己的謊言尋找各種藉口，想加以戳穿，必須巧妙地指出對方自我矛盾之處，才能說得他口服心服，主動地改正錯誤。

學會說「不」的智慧

考慮到可能會給自己帶來某些不方便，就有勇氣說「不」了。學會拒絕，可節省大量的時間，避免不必要的麻煩。

有些人天生害怕說「不」，害怕別人否認自己的能力，害怕傷了別人的面子。卻不知一味地接受，只會讓自己惹上越來越多的麻煩。

一時的尷尬卻可以換來長久的寧靜，爲什麼不說「不」呢？

俄國十月革命前的某一天，植物育種家米丘林正在植物園裡工作。忽然，他的家人跑來說：「市長先生想要見見您。」

米丘林頭也不抬，繼續工作。

家人於是又大聲地重複了一遍剛才的話，米丘林的反應卻是擺擺手。

接近米丘林的人都知道，他是一個非常珍惜時間的人。在他眼裡，一分一秒都非常寶貴。例如，他常常把工具隨時放在身邊，為的是要用的時候不必到處找，節省時間。他的手杖上有尺寸，為的是散步時也能測量樹木的高矮，一物多用，節省時間。

「您知道，這可是市長……」家人強調說。

「我連一分鐘都不願意白白度過！」說完，米丘林又忙著整理果樹了。

學會拒絕別人，可以節省大量的時間，避免許多不必要的麻煩。

誠然，與人交往和幫助別人非常重要，尤其是主動的幫助，更會受到人們的歡迎。但如果是被某種心理壓力所迫，對一切都點頭答應，便等於屈服於某些動機，例如需要得到別人的接受或讚揚，害怕給別人帶來不快和麻煩，希望別人感恩，有朝一日得到報答等，於人於己，都不見得有好處。

因此，你必須掌握一些巧妙地拒絕別人的求助，又不傷害友誼，並且能獲得理解和體諒的交往技能。

以下，是幾點拒絕的說話技巧：

•為自己留下轉圜餘地

有些問題一時尚不明朗，需要進一步了解事實眞相，或看看事態的發展及周圍形勢的變化，才能提出主張。「模糊表態」能給自己留下仔細考慮、愼重決策的餘地。要是輕易答應，不僅影響自己的威信和聲譽，也會因此造成人際關係的損失。

比如，對把握性不大的事，可採取彈性的回應，使用「盡力而爲」、「盡最大努力」、「盡可能」等靈活性字眼，留下一定的轉圜餘地。

對於不是自己能獨立解決的問題，應採取隱含前提條件的承諾。

比如，你是一個有影響力的人，你的朋友請你幫忙關說，讓他進入理想中的工作單位，你不妨這樣說：「你首先要通過考試，包括筆試和面試，在這之後，我才能幫你找人。」

這裡用「考試」對承諾的內容做了必要的限制，既展現了自己的誠意，又話語靈活，具有分寸，還暗示了自己的難處，可說一石三鳥。

●留給對方一些希望

要求你解決或答覆問題的人，內心總是寄予著厚望，希望一切都能如願以償，圓滿解決。如果突然遭到生硬的拒絕，由於缺乏必要的心理準備，很可能會因過分失望或悲傷，心理上難以平衡，導致情緒不穩定，產生偏激言行。

這時，不如不要把話說死，你可以告訴他：「這件事比較棘手，讓我看看再說。」既給自己以後的態度留下了轉圜的餘地，又使對方不至於感到絕望，使情緒趨於穩定。

掌握拒絕的訣竅

準備說「不」字時，主動為對方考慮一下退路或補救措施，使他們不至於一下子跌進失望的深谷。

生活中，常常會出現一些需要拒絕的事，例如當別人期待的幫助完全出於個人利益的考量，或是有人試圖讓你代替他完成分內的工作……，只要可能會給自己帶來某些不方便，就要考慮說「不」，否則將因此引來更大的麻煩。

上司要求你晚上加班，但你卻必須照顧生病的孩子；鄰居託你出差時捎帶東西，你卻因行程太滿無暇顧及；朋友求你辦件事，你卻實在無能爲力……，這種時候，究竟該怎麼辦？

這種時候，你需要掌握拒絕的技巧，幽默巧妙地說「不」。

•誘引法

需要否定時，不妨在言語中安排一兩個邏輯前提。不直接說出結論，但邏輯上必然產生否定結論，留給對方自己領悟。這種方法，面對上級時使用，效果比較理想。

戰國時，韓宣王欲重用兩個部下，向一位大臣徵求意見。

這位大臣明知重用二人不妥，但如果直言「不」，可能會冒犯韓王，並且還會讓韓王誤以為自己妒忌賢能，於是，他這樣表達了自己的見解：「魏王曾因重用這兩人，丟過國土，楚王也因重用他們而丟了國土，如果我們也重用這兩人，將來，他們會不會也把我國出賣給外國？」

聽了這話，韓宣王便不得不放棄原有的打算。

•讓步法

準備說「不」字時，主動爲對方考慮一下退路或補救措施，使他們不至於一下子跌進失望的深谷。

有一次，美國口才與交際學大師卡內基，不得不拒絕一個於情於理都不應拒絕的演講邀請。

他衡量了一下，這樣對邀請者說：「很遺憾，我實在排不出時間了。對了，某某先生講得也很好，說不定他更適合你們。」然後推薦了一個目前有實力解決此問題的同行。如此一來，邀請者多多少少獲得了心理補償，減輕因遭拒絕而產生的不滿和失望。

當我們對對方的要求「心有餘而力不足」時，不妨採用這種方法，它可以充分表達誠意，得到理解。

●曲解法

即故意曲解對方話中的涵義。爲了達到拒絕的目的，不妨裝聾作啞一回。

一次，一位貴婦人邀請義大利著名的小提琴家帕格尼尼到她家裡喝茶，帕格尼尼同意了。當然，貴婦人是醉翁之意不在酒。

果然，臨出門時，貴婦人又笑著補充說：「親愛的藝術家，請您千萬不要忘了，明天來的時候帶上小提琴。」

「這是為什麼呀？」帕格尼尼故作驚訝地說，「太太，您該知道，我的小提琴是不喝茶的。」

藉故意曲解對方的語言，聰明的音樂家明白表示了拒絕。

這種方法，適用於那些愛玩小手段的狡猾者，讓對方面對拒絕也只能啞巴吃黃蓮，有火發不出。

● **讚美法**

妻子對丈夫說：「親愛的，格林夫人買了一頂帽子，真好看！」

丈夫：「如果她像妳這麼漂亮，根本不用買帽子。」

聰明的丈夫透過誇讚妻子的美貌，巧妙地達到了拒絕的目的，既討好了妻子，又不需要破財，一舉兩得。

說「不」，也是一種藝術

不得已必須拒絕別人的請求時，注意拒絕的藝術，既能維繫人際網路，又不必為難自己，彼此皆大歡喜。

語言專家貝爾曾經寫道：「一句話往往再加上幾個字，就可以讓別人原本不想聽的話，變成別人願意聽的話。」拒絕的藝術也是如此，有時候只要加上一些裝飾性話語或行動，就可以更巧妙地傳達自己眞正想要表達的意思。

生活中必然會碰到需要拒絕的時候。

拒絕要講究藝術。當別人滿懷希望、帶著信任而來，卻只給人家一個「不」字，豈不像是當頭潑了一盆冷水？

比較好的拒絕方法，還是以誠相告，講解清楚，讓對方了解你對這件事確實無能爲力。如果在你坦白了自己「無能爲力」之後，還能夠爲他推薦替代辦法，效果更好。

●不立刻拒絕

當別人提出請求時，如果你連對方的理由、動機都沒有興趣傾聽，就立刻加以拒絕，會讓人覺得你冷漠無情，甚至因此懷有偏見。

別人對你提出請求，背後一定其理由與動機，應該先傾聽了解。如果自己有不得已的苦衷，可以婉轉說明，或是事隔幾天再予以說明。

比如，對方請你幫忙求職，如果你沒有能力幫這個忙，也不要一口回絕。可以先請對方寫下自己的簡歷、意願、要求、聯繫方法等，這樣的「立即行動」，就讓別人親眼看到了你想幫忙的「事實」，產生感激。

幾天後，在對方還沒聯繫你之前，首先打電話給他：「這幾天我一直爲你的事找人，但某某職務的條件要求很高，有些困難。」

再過兩三天，再次主動找到他：「眞對不起，我找過我熟識的人了，但是這次競爭很激烈……沒辦法，等以後有機會再說吧！」

•有代替的拒絕

誰也不願意向別人開口要求幫助，既然開口，背後一定有原因。輕易地予以拒絕，會使自己失去幫助別人、獲得友誼的機會。

也許他跟你要求的這一點，你實在幫不上忙，但你可以想辦法，用另一個替代的方法幫助他。

如此一來，即便拒絕了原來的請求，他也一樣會感謝你。

•不要在盛怒之下拒絕

在盛怒之下拒絕別人的請求，常會因「口不擇言」而傷害對方，也會讓別人覺得你一點同情心都沒有。

拒絕的時候，最好面帶微笑，態度莊重，使對方感到你對他的尊重與禮貌。

如此一來，即使被拒絕，也會欣然接受。

●告知對方，你確實心有餘而力不足

別人求助時，雖然知道自己幫不了忙，但也應熱情接待，對於求助者的苦難和求援表示理解和同情，坦誠地說明幫不了忙的原因。

如有可能，也可以幫助對方出一些主意或建議，還可以提供別的求助線索，以免除求助者的誤解，使他明白你眞是心有餘而力不足。即使你幫不上忙，求助者也會心懷感激，因爲你盡了最大的努力。

爲善常樂，助人爲樂，當不得已必須拒絕別人的請求時，注意以上所述的拒絕的藝術，就不會使拒絕變爲難堪。

掌握拒絕的技巧，在與人交往的過程中就可以遊刃有餘，既能維繫人際網路，又不必爲難自己，彼此皆大歡喜。

適度讚美，可以為人際交往「開胃」

適度讚美，可以為人際交往「開胃」，如果反覆濫用或過度讚美，就會顯得肉麻而令人起疑，如果言不由衷，更會收到相反的效果。

讚美是對人的一種肯定，這種話人人都愛聽。

讚美適當，最能取悅人心。對別人說這樣的話，只要恰如其分，對方一定感到高興，對你的好感也會增加。

事實上，越是傲慢的人，越喜歡聽讚美話。

有人義正詞嚴地說自己不愛聽讚美的話，只願意接受批評，其實這只是場面話。如果你信以爲眞，毫不客氣地直言批評，即便他表面上沒有表示，內心也一定十分不悅，對於你的好感只會降低，絕不會增加。

讚美的語言，對人際溝通、維繫良好的關係，足以產生重要作用。懂得說讚美話，別人聽了舒服，也不降低你的高度。

讚美，絕對是與人溝通的一門重要功課。

曾在背水一戰中大出鋒頭的韓信，年輕時受過「胯下之辱」。後來，他追隨漢高祖劉邦，屢建奇功，於是有人斷言：「如果漢高祖沒有韓信，根本無法完成統一天下的霸業。」

這樣的話傳到劉邦耳中，讓他對韓信日益強大的力量產生畏懼，於是有意尋找藉口，以企圖謀反的罪名，把韓信除掉。

此時，韓信並不為自己辯護，只是說：「狡兔死，走狗烹；飛鳥盡，良弓藏；敵國破，謀臣亡。結局果然像人家預料的那樣，我韓信除了被烹、被殺，絕無出路了！」

劉邦聽了，心想韓信乃是開國功臣，不能隨便殺掉，便將他的王位貶為侯爵，暫且擱置，以觀後效。

韓信受到如此打擊之後，心懷憂憤，日子過得十分不偷快。

想不到不久之後，久未謀面的兩人又有了一次見面談話的機會。韓信本來臉皮就厚，又善於讚美，便抓住這個機會，適時地將劉邦讚美了一番，產生了很好的效果。

話題首先從評論將士開始，但雙方各持不同見解。劉邦便問韓信：「你看，我有統率幾萬大軍的能力？」

韓信答：「陛下最多只能統率十萬左右的大軍。」

劉邦又問：「那麼，你呢？」

韓信一笑：「在下當然是多多益善！」

劉邦也笑著問：「既然如此，你又為什麼被我所用呢？」

這時，韓信開始巧妙地讚美了：「陛下雖然沒有『將兵』的才能，卻具有『將將』的才能。在下之所以被陛下所用，道理正在於此。而且陛下的這種能力是天生的，不是普通人所能具有。」

韓信的讚美，堪稱一絕，劉邦被讚美得樂不可支。他到底如何作答，史書未有記載，但由後來韓信的復出，不難推知一二。

需要注意的是，讚美也要拿捏有度。令人感到刻意的讚美話，不僅會在無意中將彼此的距離拉開，更會讓對方產生防範心理。

適度讚美，可以爲人際交往「開胃」，但要是反覆濫用或過度讚美，就會顯得肉麻而令人起疑，如果言不由衷，更會收到相反的效果，也就是人們常說的「馬屁拍在馬腿上」。

學會適度讚美，可以爲溝通和人際關係鋪就一條良好的通道。

發揮讚美與微笑的魅力

當顧客不接受產品或服務，甚且挑剔抱怨時，只要堅持內心的愛和臉上的微笑，一樣可以化解歧見與煩惱。

有誰喜歡聽別人批評自己？又有誰不喜歡聽別人讚美自己？

答案其實再明顯不過，無論表現得多麼豁達大度，事實上，每一個人都不喜歡被批評，卻都喜歡受讚美。

所以，知名的古羅馬政治家西塞羅說過這樣一句話：「我們都會為愛的禮贊而興奮不已。」

千萬別小看了讚美的威力，它不僅能讓人感到愉快，更能激勵他們看到自己身上最好的一面，並且更喜歡你，願意接近你。

所以，絕對不要吝惜眞誠的讚美，而應慷慨地將它們散播給所遇見的每一個人，讓大家都能在茫茫世界中感受一些溫暖，所謂愛的禮贊。

下一次，和陌生人初見面時，不妨馬上加以讚美，無論是對他的行爲、外表，或者擁有物。只要分寸拿捏得宜且方式高明，對方必定會馬上感覺到誠意和友好，願意進一步展開交往聯繫。

初見面時的讚美，該如何進行較恰當？

●不宜太直接，最好不留痕跡

東方民族普遍較含蓄，因此與陌生人相處時，太過直接露骨的讚美很容易被認爲虛情假意，讓人無法相信，甚至因爲肉麻而起反感。

爲了避免弄巧成拙，你可以從與當事人相關的人或物著手。

「這是您的孩子嗎？幾年級了？長得還眞是漂亮啊！」

「這個髮型，搭配身上這件衣服，整體感覺非常適合呢！」

●態度真誠，措辭委婉

讚美一定得出於眞心的欣賞，要有事實依據，並且委婉貼切。越是誇張牽強的語言，越容易弄巧成拙，讓對方感到被愚弄不說，印象更是大打折扣。

唯有出自善意的建議，足以讓人感受到眞心誠意的關懷和讚美。

如果只說「你的髮型不錯」，對方很容易認爲這不過隨口說說，形同敷衍，但若進一步說「瀏海若再稍微短一點，就更有精神了」，如此既間接稱讚了現在的髮型，又提出更好的善意建議，不會讓人覺得只是虛僞的奉承，而是發自內心眞正的重視與關心，效果自然不可同日而語。

●面帶親切微笑

「帶著微笑從事銷售，使我無往而不勝。」一位成功的推銷員曾這樣說。一點也沒錯！微笑有著無比神奇的魔力，不僅可以使自己的精神得到放鬆，增強自信，更能夠架起心與心的橋樑，讓你和陌生人之間的距離迅速縮短。

俗話說「伸手不打笑臉人」，對人微笑等於告訴別人「我喜歡你，很高興能見到並認識你」，如此善意，誰能拒絕？

推銷就等同在銷售一種服務，服務的人自然必須做到熱情周到，而不能冷若冰霜。微笑，是與人交往時最初的一道陽光，能讓對方體會到友善。

微笑很特別，它不能買、不能求、不能借，只能自然而然發自個人的內心深處。唯有時刻想著與陌生的朋友分享愛、分享歡樂，才能面帶親切自然的微笑，讓所有接觸的人都無法抗拒。

當顧客不接受產品或服務，甚且挑剔抱怨時，只要堅持內心的愛和臉上的微笑，一樣可以化解歧見與煩惱。千萬別忘了一句老話——買賣不成情意在，只要成爲朋友，維繫良好關係，還怕以後沒機會嗎？

用眞誠的態度和臉上的微笑包裝你的讚美，絕對能讓說出的每一句話都收到更大的實質效益，不妨一試。

讚美，讓語言更美

善用語言的藝術，可以有效提升自己的推銷技術，鞏固人際交往，但也要小心別誤觸對方的「地雷」。

美國總統林肯曾說：「每一個人都喜歡被讚美。」

身爲一位店員或推銷員，或者大企業經營者，只要你想做成生意，那麼在看到客戶所做的某一件事或所得到的成就值得讚美時，一定要馬上提出來，並且告訴他們，你非常欽佩與讚賞。要知道，對顧客的成就、特質、財產所做的所有讚美，等同提高他的自我肯定，讓他更感到開心，並增加對你的好感和滿意度。

說一些讚美的話，用不了太多時間與太多精力，可以達到的效果卻超乎想像。不過幾秒鐘的時間，人與人之間的關係與情感就能夠大大增進，甚至是一百八十度的完全扭轉。

真心的讚美，可以由以下幾種方式著手：

1. 稱讚顧客的衣著。

「我很喜歡你的領帶，搭起來真有品味。」

「你穿這件毛衣真好看，襯得氣色非常好。」

2. 稱讚顧客的孩子。

「您的兒子真是可愛，而且非常懂事呢！」

「您的女兒好漂亮，她今年幾歲啦？上幼稚園了嗎？」

3. 稱讚顧客的行為。

「對不起久等了，謝謝您的體諒，您真是有耐心。」

「自備購物袋嗎？唉呀！您真是太有環保概念了！」

4. 稱讚顧客自己擁有的東西。

「這輛車保養的真好啊！出廠很多年了嗎？完全看不出來呢！」

「從這頂帽子看來，您一定是洋基隊的忠實球迷吧！」

以上幾種形式的讚美，往往可以讓顧客感到高興，從而建立起自己的好形象。另外，讚美時，要注意以下細節，避免收到反效果：

1. 必須要有實際內容。

沒有實際內容的讚美，聽來更像是嘲弄。比如只說「您好偉大喲」，卻不說原因爲何，就顯得酸溜溜，容易令聆聽者不快。

2. 從細節開始。

與其只說某件衣服很漂亮，不如明確地說出漂亮在哪裡，例如「這身衣服很好看，尤其是下擺剪裁，很有修飾身材的效果」，就是一種高明的稱讚。

3. 切合當下的環境。

若當時天氣很熱，顧客因爲衣服穿得太多而猛冒汗，一臉狼狽，你就絕對不能說：「哇！這件衣服多漂亮啊！」

善用語言的藝術，可以有效提升自己的推銷技術，鞏固人際交往，但與此同時也要小心，別觸犯那些顯而易見的禁區，或誤踩對方的「地雷」。

4

Chapter

說話繞個彎，更討人喜歡

話中有話，是高明的待人處世方式之一，

學會將說出的話繞個彎，

才不至於衝撞別人，更能討得他人的喜歡。

懂得批評，才能發人深省

批評要講究方法，如果只是無意義的謾罵與指責，問題永遠無法解決，反而還會影響自己的人際關係。

每個人都會犯錯，這是難免的。到底要用什麼樣的批評方式，比較能夠讓犯錯者虛心接受呢？

以下，介紹幾種容易被接受的「藝術性批評」：

●請教式

有一個人在一處貼有「禁止捕撈」公告的水庫內網魚，見遠處走來一名員警，心想這下可糟了。不料員警走近之後，並沒有大聲訓斥他，反而和氣地說：

「先生，您在這裡洗網子，下游的河水豈不被汙染了？」

捕魚者大感汗顏，連忙誠懇地道歉離去。

當犯錯者發覺自己的工作出現錯誤時，多會深感自責。這個時候，其實沒有必要再加以厲聲訓斥，用溫和的方式進行「冷處理」，效果反而會更好。

•安慰式

多從對方的角度考慮問題，眞正體會他的用心。你很有可能會發現，站在對方的立場時，你恐怕也會犯下同樣的錯誤。

既然能意識到這一層，就應該注意保持平靜的心情，在給予批評的同時，也留些餘地，給予安慰。畢竟，批評態度過於蠻橫、激烈，很可能會使人生出逆反心理，收到反效果。

當然，你的安慰也應該要有個限度，切記明確你的態度，絕不可以留下鼓勵、勸勉的錯誤印象，那樣同樣無助於問題的解決。

•暗示式

批評本來就是一件令人不痛快的事，尤其是針對那些有「過分殷勤癖」的人。例如，有些秘書對自己的上司十分體貼，但不懂得拿捏分寸。當上司正集中精力、全神貫注地處理一份重要文件時，三番兩次地打擾。

這種時候，你可以告訴這位秘書：「我覺得王秘書不錯，安安靜靜的。」以另一位比較安靜的秘書作榜樣，透過兩相對照，下屬自會心領神會。用這種方法，不但使下屬保住了面子，也維護了自尊，同時了解自己的錯誤，可謂是「一箭雙鵰」的做法。

•模糊式

某公司為了整頓紀律，召開員工大會。董事長在會上說：「最近我們公司的紀律總體來說不錯，但也有個別人表現較差，有的遲到早退，也有的在上班時間聊天……」

這就是典型的模糊式批評。這位董事長用了不少模糊語言，例如「最近」、

「總體」、「個別」、「有的」、「也有的」等等。這樣一來既顧全員工的面子，又指出了問題。這種說法，效果往往比直接點名批評還要好。

●說服式

大多數的批評者，往往把重點放在提出對方「錯」的地方，卻不能清楚地指明應該怎麼做。例如，有的人批評時喜歡說：「你非得這樣做不可嗎？」這是一句廢話，因爲它沒有絲毫實際內容，只純粹表示了個人的不滿意，並造成對方的心理壓力，不利於解決問題。

在指責的同時，也應該指出如何做才是正確的，這樣才更具有說服力，能使被批評者心悅誠服地接受，積極主動改正錯誤。

指出別人的缺點時，氣氛總是很緊張，在緊張的氛圍中把握好說話的分寸，往往又比較困難。批評別人的時候，該怎樣做才能既不傷害對方，又不至於因引起對方的反感而傷害到自己呢？

接下來，提供幾個具體有效的策略：

●先褒後貶

首先表揚對方，以此營造批評的氛圍，能讓對方在愉悅的讚揚同樣中，愉悅地接受批評。人們都有這樣的心理慣性，先聽到別人對自己的某些長處的表揚，再聽到他的批評，心理上會比較不會生出排斥。

●先貶後褒

先在個別問題上給對方嚴厲的批評，然後在主流問題上給予充分讚揚。這種方法同樣能使被批評者感動，收到與先褒後貶一樣好的效果。

●幽默調侃

「法蘭西思想之父」伏爾泰手下，曾經有一個非常懶惰的僕人。一天，伏爾泰要這僕人把鞋子拿過來，對方照做了，但鞋上面佈滿了汙泥。

伏爾泰於是問道：「你怎麼不把它擦乾淨呢？」

「用不著擦吧？先生。路上都是汙泥，兩個小時以後，您的鞋子又會和現在一樣髒。」

伏爾泰沒有講話，穿上鞋，微笑著走出門去。僕人趕忙追上去說：「先生慢走！鑰匙呢？餐廳的鑰匙，我還要吃午飯呢！」

「喔，用不著吃吧？反正兩個小時以後，你又會和現在一樣餓了。」

伏爾泰巧妙地運用幽默的話語，批評了僕人的懶惰。

在批評別人的時候，使用富有哲理的故事、雙關語、生動的比喻等幽默話語，可以舒緩對方被批評時的緊張情緒，啓發思考，甚至增進相互間的感情交流。這樣的批評方法，不但能達到教育的積極目的，同時還可以創造出輕鬆愉快的良性氣氛。

•自我批評

一個孩子不愛唸書，老是翹課，恨鐵不成鋼的母親拿起棍子就要打，旁邊的父親見狀，一邊阻止妻子，一邊對孩子說：「小時候，我和你一樣頑皮，就知道玩，不懂得讀書的重要。後來才體會到，不好好唸書，長大以後要付出更多的努力。現在不懂得把握機會，以後再後悔就晚了，你懂嗎？」

作爲長輩，這位父親勇於把自己曾經的過錯暴露在孩子面前，但他的目的又不在於做自我檢討，而在於以自己的感悟來教育孩子。借己說人，讓我們看到了融自我批評於批評中的魅力和力量。

批評要講究方法，如果只是無意義的謾罵與指責，問題永遠無法解決，反而還會影響自己的人際關係。

說話繞個彎，更討人喜歡

話中有話，是高明的待人處世方式之一，學會將說出的話繞個彎，才不至於衝撞別人，更能討得他人的喜歡。

待人處世時應該坦誠，不說假話，但在人際交往中，有些話卻不可以直接說出口，否則很容易傷人傷己。

東方社會與西方社會不同，人的行為模式比較特殊，最明顯的一點，就是「意在言外」了。嘴上說喜歡與人直來直往，內心卻往往不眞正喜歡。

提出某種要求，聽見對方回答「不」，未必眞的代表拒絕，很可能只是礙於面子，需要藉拒絕表示客氣、客套、禮貌。此時只要不死心地再提一次，對方可能就同意了。同樣的，人家說「好」，也不一定就表示眞心同意，或許只是不願當面給你難堪。

要想獲得成功，學會說話辦事，就必須懂得察言觀色，善加分辨，認清並巧妙地運用「真心」與「客套」。

說話時，最好聰明地拐個彎，千萬不要信口直說。每個人都有自尊，需要面子，直來直往容易傷別人的自尊，使人心中不愉快，導致造成雙方關係破裂，甚至反目成仇。

朱元璋稱帝後，要冊封百官，但看完名冊，心裡犯起了愁。功臣有數，但親朋不少。要封，無功受祿，恐怕群臣不服；不封的話，面子上過不去。

軍師劉伯溫看出了皇帝的難處，但不敢直諫，一來怕得罪皇親國戚，惹來麻煩；二來怕朱元璋無法接受，落下罪名。不過，這畢竟是國家大事，不能視而不見，於是他想出了一個辦法。

他畫了一幅人頭像，人頭上長著好幾束亂髮，每束髮上都頂著一頂烏紗帽，獻給了朱元璋。

朱元璋接過畫，細品其味，忽然哈哈大笑道：「軍師畫中有話，乃苦口良藥。真可謂人不可無師，無師則愚；國不可無賢，無賢則衰！」

原來，劉伯溫畫中的意思，是「官（冠）多法（髮）亂」。此舉，不但不傷朱元璋的面子，沒有觸犯龍顏，還道出了諫言：官多法必亂，法亂國必傾，國傾君必亡。

話中有話，柔中有剛，是高明的待人處世方式之一，使聽話的人懂得弦外之音，達到預期目的。學會將說出的話繞個彎，如此才不至於衝撞別人，更能討得他人的喜歡。

某甲是一家公司的中級職員，卻一直升不了職。和他同年齡、同時進公司的同事，不是外調獨當一面，就是成了他的頂頭上司。另外，雖然大家都稱讚他人很好，他的朋友卻不多，不但下了班沒有「應酬」，在公司裡也常獨來獨往，不大受歡迎。

歸根究柢，某甲的能力並不差，也有相當好的觀察、分析能力，問題在於他說話太直接，總是不加修飾，因而直接或間接地破壞自己的人際關係。

其實，「直話直說」是一種很可愛、很值得珍惜的特質，也唯有這種人，讓是非、眞僞，以及人的優缺點得以分明。只是也不可否認，在現實社會裡，「直話直說」有可能是人的致命傷。

「直話直說」是一把傷人又傷己的雙面利刃，有這種性格的人應當深思，並且建立新觀念，在待人處世方面，儘量減少直言指陳他人處事的不當，或糾正他人性格上的弱點。

「直話直說」往往無法產生太大的效用，因爲每個人都有一個內心堡壘，「自我」縮藏在裡面，「直話直說」正好把他的堡壘攻破，硬要把他從堡壘裡揪出來，他當然不會高興。說話，最聰明的是迂迴進攻，點到爲止。

婉言激勵更能展現積極意義

儘量使用溫和的態度面對你的批評對象，盡可能剔除情緒成份，學會藉由表情、態度、聲調增加批評語的積極效果，進而達到激勵目的。

批評他人時要講究技巧，不能一味譏諷、挖苦，傷害到人家的自尊心和面子，否則只會導致負面效應，無法發揮催人奮進、勸人改過的積極作用。

戰國時期，魏國吞併了中山，魏文侯便把這塊新侵佔的土地，分封給自己的兒子。事過不久，他問群臣：「我是一位怎樣的君主？」

群臣齊聲答道：「仁君。」

不料，大臣任座卻大聲地說：「您得了中山，不封給自己的弟弟，卻封給了自己的兒子，怎麼能說是仁君呢？」

按照當時的禮儀，這樣的地方都應封賞給君主的兄弟，魏文侯這樣做，顯然不合禮儀制度。魏文侯聽了大怒，任座得罪了君主，只得急忙逃離魏國。

後來，魏文侯又問大臣翟璜同樣的問題，翟璜回答說：「您是仁君。」

魏文侯追問：「你為什麼這樣認為？」

翟璜說：「我聽說，君主寬厚，大臣就耿直。任座說話那麼坦率，這足以說明您是一位仁君。」

魏文侯聽了，又喜又羞，趕緊叫翟璜把任座請回來，並親自下堂迎接，待為上賓，將中山改封他人。

大臣任座批評魏文侯時，不注意方式，快人快語，說了刺激君主的話。兩相比較，翟璜顯然很懂得批評的藝術，寓貶於褒，表面上聽來是稱讚文侯，實際上隱含著批評，既間接地提點了不妥行爲，又沒有傷到魏文侯的尊嚴，還使他猛然醒悟。

對方有了缺點或犯了錯誤，最忌一味地橫加批評、講刺話，這種方式十分不妥當，免不了傷害對方的自尊與自信。

此時，倒不如換種語氣，換句說法，比如：「從今以後，你自己要多加注意」，或者「我想，下次你一定不會再犯這樣的錯誤了」……諸如此類。對方聽了，不僅感激你對他的信任，同時還會感受到你的眞誠，更重要的是，由此下定了改正錯誤的信心與決心。

儘量使用溫和的態度面對你的批評對象，盡可能剔除情緒成份，學會藉由表情、態度、聲調增加批評語的積極效果，進而達到激勵目的。

對話是傳接球，不是躲避球

人都是以自我為中心的，根據這個基礎，你可以調整談話內容。當別人的嗜好跟你不同時，討論他們感興趣的話題，絕對更有利。

與陌生人初次見面時，往往會問及「你是哪裡人」、「你在哪裡工作」、「你是哪間學校畢業的」……等問題。

這種行爲的目的，就在尋找彼此交談的共同點。

比如，當你知道了對方的家鄉後，可以說：「哦！原來是那裡啊！那個地方我曾經去過。」這樣一來，對方心中馬上就可能產生親切感，你與他在心理上的距離將隨之縮短。

難道不是嗎？試想，當碰到自己的同鄉或校友，即便雙方不過初次見面，是不是也會有種不一樣的親切感呢？

從事推銷工作的孟先生，每當與人交談不那麼順利時，都會巧妙地將話題轉向對方的家庭或孩子等方面。

有一次，他接待了一位表情冷淡、不苟言笑的客戶。談到一半，孟先生忽然話鋒一轉道：「令郎現在讀小學五年級了吧？」

聽到這句話，那位客戶立刻從嚴肅轉為和藹，笑著回答：「你知道得很清楚啊！那小傢伙可調皮了！」

氣氛因為這句話而改變，接下來，兩人的談話順利了很多。以孩子作為話題，孟先生成功地達成了「情感交流」。

當別人對你的話題產生興趣，並且願意參加你的談話，你就有了與他對話的機會。說話，如同玩接球遊戲，不應該是單向的。假使有人漏掉了這個球，必然會有一段難堪的時刻。

一些年輕學生常常提及，他們與情人約會過程中，不能保持生動的對話。事實上這並不難，只要提出一些使談話得以繼續進行的話題，就可以了。

人都是以自我爲中心的，根據這個基礎，你可以調整談話內容。當別人的嗜好跟你不同時，討論他們感興趣的話題，絕對更有利。

滿足自己的自尊心之前，先滿足別人的自尊心吧！

給予越多，我們就變得越理智；爲別人考慮越多，別人爲我們考慮也越多。尊重他人，自然能贏得更多的尊重。

別急著拋談話的球，先找到有心接受的人再行動吧！拋球的技術越好，參與的雙方越投入，遊戲就越有趣。

將心比心，尋求雙贏

站在對方的角度謀劃和考慮，了解他的心理需求與困難，這種將心比心的說服方法，更容易使人接受。

大多數商場上的談判都只顧己方利益，不管別人的需要和目的。其實，這反而是不高明的。在激烈的競爭中，採用此種策略的一方往往會導致商談破裂，尤其在商談陷入僵局的情況下。

只顧自己，必然將招致相對的不友善回應。在商談中，將心比心既是己方要做到的，也可以成爲向對方發起攻擊的武器之一。

保衛了自己的尊嚴，同時也考慮對方的利益，就是所謂的將心比心。這樣的發言，讓人無法拒絕。

某布莊有位店員，營業額比其他人都高。有人好奇地問他：「你的好成績，是不是源於能言善道？」

他回答說：「不，我的成功秘訣在善於理解、體察顧客的心理。」

一天，有位顧客站在櫃檯前，對某塊布料讚不絕口。憑經驗，他判斷這位顧客想買塊布料，於是趕忙迎上前去說：「您想買這塊料子嗎？這塊料子很不錯，但您要看仔細，它的染色深淺比較不一，也因為這樣才便宜。我要是您，會寧可多花些錢，買那一塊。」

說著，他從櫃檯裡抽出一匹帶隱條的布料，在燈光下展開，又說道：「這種料子做出來的衣服更好看，美觀大方，比您剛才看的那種，每尺多二十元，做一套衣服只多五十元左右。您可以考慮一下，哪個比較划算？」

顧客見這位店員如此熱情，不僅幫自己精心挑選，而且提供十分得體的建議，自然不多猶豫，買下了他推薦的布料。

這位店員之所以能夠成功地做成這筆生意，就是因爲運用了將心比心術。站在買方的立場上精打細算，現身說法，使顧客的戒備心理、抗拒心理都大大降低，並且產生認同感。

站在對方的角度謀劃和考慮，了解他的心理需求與困難，這種將心比心的說服方法更容易使人接受，爲彼此帶來雙贏。

轉個彎，說話更簡單

分析顧客異議的真正根源、異議的性質、以及顧客類型，才可以取得退一步進兩步的效果。

間接處理顧客意見，是指推銷人員根據有關事實與理由，間接否定顧客異議的一種處理策略。間接處理法適用於因顧客的無知、成見、片面經驗、資訊不足與個性所引起的購買異議。

使用間接處理法處理顧客異議時，首先需表示對異議的同情、理解，或者僅僅是簡單地重複，使顧客心理得到暫時的平衡，然後再轉移話題，對顧客的異議進行反駁處理。

因此，間接處理法一般不會冒犯顧客，能保持較爲良好的推銷氣氛，而重複顧客異議並表示同情的過程，又給了推銷人員一個躲閃的機會，使得到時間進行思考和分析，判斷異議的性質與根源。

間接處理法使顧客感到被尊重，被承認，被理解，雖然異議被否定，但在情感與思想上可以接受。使用間接處理法處理顧客異議，比反駁法委婉些，誠懇些，所收到的效果也更好。

但在應用間接處理法時，應注意以下幾方面的問題：

第一，間接處理法不適用於敏感、固執、自我個性強、具有理智性購買動機的顧客，亦不適用於探索性、疑問類的顧客異議，而只適用於武斷性、陳述性的顧客異議。

第二，推銷人員不能直接否定顧客異議，更不能直接反駁，這是間接處理法的要求與實質性的優點。間接處理法要求推銷人員首先避開顧客來勢迅猛的異議，然後轉換角度，改變方向，再間接地反駁。

第三，推銷人員應注意選擇好重新說服的角度。間接處理法的成功關鍵，在於避開顧客異議後，從什麼角度，以什麼思維方法，用什麼內容及重點重新開展推銷說明。這正像拳擊手避開攻勢後，必須研究並選擇重新進攻的方法及出擊的部位一樣。

推銷人員應認眞利用重複與肯定顧客異議的機會，進行分析思考，分析判斷顧客異議的眞正根源、異議的性質、以及顧客類型，然後，針對顧客的無知、顧客的主要購買動機、以及購買目的，就推銷產品的主要優點等等開展重點推銷。只有這樣，才可以取得退一步進兩步的效果，不然可能導致新的異議產生，事倍功半。

第四，推銷人員應圍繞著推銷的新要點，提供大量資訊。由於前段推銷已導致顧客產生異議，所以在轉換推銷方向後，應圍繞重新選擇的推銷要點，再次提供資訊，重新揣摸顧客思維和心理活動規律。

重點推銷可以克服間接處理法的局限性，後續資訊的內容及數量，是間接處理法取得成效的關鍵。

第五，注意轉換詞的選配。怎樣轉換話題是有效使用間接處理法的一個重點，爲了使推銷活動與顧客的思維出現轉折，可以用的轉折語有很多，如「但是」、「不過」、「然而」、「除非」、「誠然」等等，其中「但是」用起來語氣最生硬，讓顧客聽起來不舒服，最好避免。

所以，推銷人員爲了防止間接處理法的局限性，以及可能引起的不滿情緒，應針對不同的顧客，注意選用不同的轉換詞，儘量做到語氣委婉，轉折自然。例如在說了「您的看法有一定道理」後，可以續加的詞語有「而且我還可以補充」、「假如……其實還可以……」等等，效果會更好。

但是必須切記，沒有任何一種方法是萬靈丹，無論如何都得保持彈性，以見什麼人，說什麼話爲最高原則。

說服的關鍵，在於口才表現

適度的自我宣傳與推銷，輔以具緩和作用的幽默感，使一切在親切融洽氣氛中進行，是達成交易的最理想情境。

顧名思義，凡是「說服」行動，必定跟語言脫不了關係。事實也確實如此，我們可以說，說服的關鍵正在於口才表現。

●怎樣發揮「攻心」效應

一家銷售名貴珠寶的銀樓，一早開門不久，便走進一對華僑夫婦。夫人看中了一隻相當華美的鑽石戒指，從女店員手中接過之後看了又看，顯然是愛不釋手。但當她看清標價後，便搖了搖頭，顯現出為難的樣子。

夫人說：「好是好，就是……」

女店員一聽，心下會意，馬上接口：「夫人，您真有眼光，這戒指確實漂亮，但相對的價格也高。上個月，市長夫人來到店裡，也同樣看上了它，非常喜歡，但因為價錢問題，終究是沒有買下。」

這時，那始終沉默的先生開口了：「小姐，真有這樣的事情嗎？連市長夫人都喜歡這個戒指？」

女店員當即點了點頭，只見先生考慮了一下，說：「小姐，請開發票，我要買下這個戒指。」於是，這枚放在店裡兩年始終未能售出、價格昂貴得驚人的鑽石戒指，終於順利成交。

這個例子之所以成功，訣竅正在於巧妙運用了語言的「攻心」效應，以堂堂市長夫人也未能買下的消息爲「誘餌」，激發那名華僑先生「求名」的心理慾望，達成交易。

●進行自我宣傳與自我推銷

人們在自我誇耀時，總多少感到左右爲難，希望表現自己，讓別人賞識，同時又害怕被別人認爲自誇自大，一點不懂得謙虛。

在東方社會，長久以來的道德標準認定謙讓是美德，可隨著時代變遷，社會競爭日趨激烈，「自我推銷」顯得越來越重要。

學會適度自誇是相當重要的才能，而在進行自我誇耀時，首要就是表現幽默感，務求讓別人在笑聲中接受。

自誇並不可恥，而是一種宣傳，畢竟廣告是所有商業行爲的基礎。但是，如果採用過分或低俗的方式自我炫耀，就會招致反感。因此，自我宣傳和自我誇耀首先應具有適度的幽默感，並保持在適當程度。

例如，日本的「丸牛百貨公司」，有一句相當幽默的廣告語：「除了愛人，什麼東西都賣給你。」

●說服顧客是盈利的關鍵

不管在哪一行業，說服客人的能力都是非常重要的經營之道。以下是幾則小笑話，開懷之餘，也請你細細品味對話中的奧妙：

有位為自己身後事著想的老人，來到一家葬儀社，打算預購棺材。店主一聽，很熱心地向他介紹各種價格不同的棺材。

聽了半天之後，老人忍不住詢問店主：「請問一下，三十萬元的和兩萬元的，究竟有什麼不同？」

「不同可大了！最明顯來說，三十萬元的棺材設計比較符合人體工學，內部有足夠的空間，可以讓你的手腳充分伸展。」

另一則笑話則與生髮水相關，是這樣說的：

一名客人聽了老闆大力介紹的某種強效生髮水後，疑惑地問道：「這……真的有效嗎？」

「當然啦！我的顧客當中，甚至有人連續用了五年啊！」

也有另一種版本，面對同樣的質問，老闆如此回答：「那當然啦！不過這種藥在使用上稍微有點麻煩，就是必須要用棉花棒擦抹。那些以前用手直接沾著擦的客人，事後都抱怨連連，說雙手都長了毛，簡直跟猴子沒兩樣。」

推銷的最大忌諱，就是激怒客人，因此可說幽默感是必備「武器」。適度可信的自我宣傳與推銷，輔以具備緩和作用的幽默感，使一切在親切融洽的氣氛中進行，是達成交易的最理想情境。

將說服看作最巧妙的藝術

一個微笑，一個伸腰擺手的動作，或僅僅挪動一下位置，都足以說明對方情緒與認知的轉變。

說服，即指透過說理，使對方理解並信服，是一種十分重要的語言藝術，若是無法達成，便不可能進行資訊溝通，更別說是達到銷售、推薦的目的了。

說服的基礎，在於道理的清楚傳達，但這還不夠，因爲對方不見得能夠認同，能夠信任，因此還需要其他技巧的幫助。

簡單來講，說服行爲，實際上包括了以理服人、以情感人、以利誘人、察言觀色這四個方面。

‧以理服人

要做到以理服人，首先自己要明理，在行動前做好充分準備。

兩大必備要件之一，首要在講清道理，有條不紊地闡述事件的理論依據。講清道理的過程，也就等同邏輯思辨過程，哪些該先講，哪些該最後再講？哪些是重點，必須反覆不停地闡明？凡此種種，都要預先做好準備。

必備要件之二，就是例證。舉出大量實例以證明要說服的道理，可以收到相當的效果與力量，所舉的例子當然是越現實越好，最好是發生在生活周遭的眞人眞事，如此可信度更高。

說服的語言則應簡明扼要，把道理說清楚、說透徹就可以了，千萬不要囉嗦，更不要畫蛇添足。

說服時，宜採用謙和、商量的語氣，不要擺出權威的架勢。如果可以，盡可能提些問題，或鼓勵消費者提出問題，用以加強效果。

‧以情感人

說服的語言應該是充滿情感的語言。銷售系統本身是一個群體，有關群體的心理現象，自然會在對內對外的交往中表現。推銷員若能帶著自豪與自信的感情來介紹商品，必然會感染顧客。

‧以利誘人

介紹產品的優點時，應著重於價格、品質、特色、完善的售後服務等方面，進行全方位介紹，如果有同類產品，可以用比較法說明，以求更具體突顯自家產品或服務的優異。

‧察言觀色

對方能否被說服，一則在於口才，另一方面還在於你能否抓住他的心理活動，有針對性地使用語言，以便使情理交替，收到雙倍效果。

如果拿捏得好，往往連持否定態度的人都能被說服。

說服開始的首要任務，在於透過肢體語言揣測對方的態度。

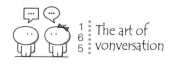

有一種人生來便喜形於色，很容易表現出自己的態度與情緒，因此好惡也非常明顯。也有一些人，不願意表現自己，傾向於將一切掩飾，但由於不夠自然，反而更將心內想法暴露無遺。眞正能夠做到不露神色者，畢竟是極少數。

對於比較壓抑、內斂、冷淡的人，採用開門見山的方式說服，效果往往不佳，不如先建立感情聯繫，運用自身魅力和口才，表現內心友好與誠意態度，拉近彼此之間的距離。

說服進行時，除了必須注意說話的內容，更要留心觀察神態表情的變化，一個微笑，一個伸腰擺手的動作，或僅僅挪動一下位置，都足以說明對方情緒與認知的轉變。

當然，如果對方毫無變化，甚至態度變得更壞，就要適可而止，寧願暫時不談或轉移目標，談些別的主題。

把說服當作一種藝術，把自己看成一個正在創作的藝術家，將有助於以更敏銳的感知探求對方的心理變化，從而眞正做到「見什麼人，說什麼話」。

喊出名字是關係建立的開始

讓陌生人成為朋友，以言語打動他人的兩大原則，就是記住對方的姓名，並真心付出關懷。

「人類行為雖複雜，其中卻包含一個極重要的法則，遵從這個法則行事，大概不會惹來棘手的大麻煩。甚至進一步說，如果我們遵守這個法則，便可以得到許多友誼和快樂。」

「這個永恆不滅的法則，就是『時時讓別人感覺自己的重要』。你若是能準確投合人性最深刻的渴求，就等同在對方的感情帳戶內，存入更多有利於生意成交的資本。」

以上是一位心理學家的說法，運用到商業經銷領域，重點很明確，就是「讓顧客感到自己備受重視」。

達到這個目的的方法很多，最重要是由兩個面向著手：

●記住名字

名字所象徵的意義，不僅僅是一種代稱，喊出對方的名字，他們會感覺聆聽到世界上最悅耳的音符。

可以說，名字是構成個人身份和自尊最不可或缺的要素。人性天生的本能告訴我們，那些能夠記得自己名字的人，一定相對較重視自己。

所以，要想以言語敲開他人緊閉的心門，與很難打交道的客戶建立關係，最簡單也最有效的辦法，就是記住他們的名字。

每當和陌生人或潛在的事業夥伴進行接觸，一定要想辦法探聽出對方的名字，而且務求正確。

然後，在談話過程中，你要盡可能地讓自己一有機會就提及他的姓名，以強調對他的重視。

聰明的生意人懂得見什麼人，說什麼話，而毫無疑問，自己的「名字」是人人都愛聽的話。

發萊，一個從未受過中學教育的人，在四十六歲那年當上了美國民主黨全國委員會主席，甚且成功地幫助羅斯福登上美國總統的寶座。

他的成功秘訣是什麼呢？

出乎意料，答案竟在於「能夠叫出五萬人的名字」。

無論什麼時候，只要遇到不認識的人，他都會問清對方的全名、家裡人口、職業以及政治傾向，然後牢牢記住。

下一回再遇到那個人，即使已經過了很長一段時間，仍能拍拍對方的肩膀，問候他的妻子兒女，甚至後院栽種的花草。

做到這種地步，有那麼多選民願意追隨，也就不足為怪了。

李小姐是一位經驗老到的業務員，剛剛接手一個地區的業務，立刻前往拜訪一位可能的客戶。

走進某企業的辦公大樓後，她直接找到總經理辦公室，非常自信地走向秘書小姐，伸手說：「您好，敝姓李，請問您是？」

秘書小姐自然不得不伸出手說：「我姓張，請問您有什麼事？」

一來一往之間，李小姐巧妙地得到了對方的名字，並在接下來的談話中不斷提及，立刻讓秘書小姐有一種受到重視的感覺，之後，再請她幫忙安排時段，引見總經理，也就容易許多，甚且順理成章了。

身爲一位推銷員或業務員，或者店員，在和陌生人打交道之前，請千萬記住——沒有什麼比記住顧客的名字更重要。

•真誠關心

《伊索寓言》中有一句名言：「太陽的溫和炎熱，要比驕傲狂暴的北風，更容易脫去行人的外衣。」

所有經商者都必須認清，顧客絕對不是敵人，更不是討厭的傢伙，而是自己的朋友，或者更直白一點形容，就是「衣食父母」。所以，要做到的很簡單，就是把注意力從「我」轉到「您」身上，把每一個和自己交談的陌生人都當作

「朋友」來關懷，竭盡所能，去體會他的喜怒哀樂，解決他的問題，滿足他的需求，說他喜歡聽的話。

只要讓對方覺得你是眞心對他好，當然會讓你得到應有回報——一筆成交的生意和眞正發自內心的感謝。

關心別人，並讓別人明確感受，必須做到：

1. 真誠自然地對他人心存感激。
2. 來到任何一個環境，都不忘向在場的每一個人打招呼。
3. 用熱誠、有精神的態度向人致意。
4. 設身處地去了解、體會對方的困難與需求。
5. 投入時間與精力，為他人多做一些事。

比如，一位孤身在外闖天下的人，常常會在假日或節慶時感覺寂寞孤單。那麼，多打幾次電話，或者請他出來參加聚會，將有如雪中送炭般及時，足以讓他銘記在心裡。

如果你聽到客戶驕傲地談起孩子在繪畫比賽中獲獎，下次見面前，不妨挑一本好的畫冊或一盒好的顏料作爲禮物餽贈，一點小小心意，將是最好的恭維。做到這種地步，還怕對方拒你於千里之外嗎？

關懷是一條雙向道，在付出的同時得到收穫。

你的誠摯關懷將會如同一股暖流，不斷灌入對方的心田，讓友誼的種子生根發芽，結出令人欣喜的果實。

讓陌生人成爲朋友，以言語打動他人的兩大原則，就是記住對方的姓名，並眞心付出關懷。

見什麼人，說什麼話。毫無疑問，名字，就是顧客愛聽的話。

5

Chapter

説服，從拉近心理距離開始

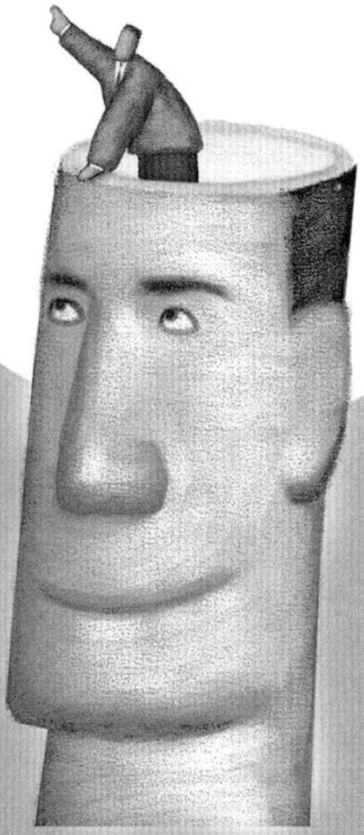

口口聲聲都是「我們」，不僅表示排除了自我，

且能觸發聽眾對集體的歸屬意識，

即使厭惡被迫接受，也會不知不覺地軟化。

給別人台階下，才能避免尷尬

不但要儘量避免不慎造成別人下不了台的情況，而且要學會在他人可能不好下台時，巧妙地提供「台階」。

順著台階，才能往下走。給別人下台階，才能避免尷尬。

身在社交場合，每個人都必須展現在別人面前，因此無不格外注意自身社交形象的塑造，並且表現出較平時更爲強烈的自尊心和虛榮心。

在社交活動中，適時地爲陷入尷尬境地者提供恰當的「台階」，使他免失面子，是處世的一大原則，也是爲人的一種美德。這不僅能使你獲得對方的好感，也有助於樹立良好的社交形象。

不過，提供台「階時」，有幾點需要注意：

•不露聲色

既能使當事者體面地走出窘境，又儘量不使在場的旁人覺察，這才是最巧妙的「台階」。

•巧用幽默語言

幽默是人與人交往的潤滑劑，一句幽默的話語，往往能使雙方在笑聲中相互諒解和愉悅。

•盡可能為對方挽回面子

當遇到意外情況，使人陷入尷尬境地時，提供「台階」的同時，如能採取一些相應的措施，及時挽回對方的面子，甚至再增添一些光彩，自是最好不過。

至於下列社交失誤，足以使人感到難堪，一定要避免：

•揭對方的錯處或隱處

在交際中，如果不是爲了某種特殊需要，一般應儘量避免觸及對方忌諱的敏感區，避免使人當衆出醜。

一家人來人往的大酒店中，一位賓客吃完最後一道茶點，順手把精美的景泰藍筷子放入自己的西裝內袋裡。

服務小姐見狀，不動聲色地迎上前去，雙手擎著一只裝有景泰藍筷子的綢面小匣子說：「我發現先生在用餐時，對景泰藍筷子愛不釋手，頗為賞識。為了表達感激，經主管批准，我代表酒店，將這雙圖案最為精美、經過嚴格消毒處理的景泰藍筷子奉上，並以最優惠價格記在您的帳單上，您看好嗎？」

那位賓客當然明白這些話的弦外之音，表示了謝意之後，連說自己多喝了兩杯，頭腦有點發暈，誤將筷子放入衣袋裡，聰明地藉此「台階」說：「當然是消毒過的更好，我就『以舊換新』吧！」

說著，取出衣袋裡的筷子，客氣地放回餐桌上，接過小匣，不失風度地向櫃檯結帳去。

●張揚對方的失誤

在社交場合中，誰都可能不小心發生小失誤，比如念錯字、講了外行話、記錯別人的姓名或職務、禮節失當……等等。

發現別人出現這類情況時，只要無關大局，就不必大加張揚，使本來可以被忽視的小過失一下變得顯眼。尤其更不可抱著譏諷的態度小題大作，拿人家的失誤在衆人面前取樂。

這樣做只能換得一時的開心，隨後必將因小失大，不僅會使對方難堪，傷害他的自尊心，也不利於你自己的社交形象，容易使別人覺得你爲人刻薄，在今後的交往中敬而遠之、產生戒心。

●讓對方敗得太慘

爲人處事，就像下棋，只有那些閱歷不深的小毛頭，才會一口氣贏個七八盤，贏到別人漲紅了臉、抬不起頭，還在一個勁兒喊「將軍」。

社交中，常會進行一些帶有比賽性、競爭性的活動。儘管最終目的在娛樂，但大家還是免不了希望成爲勝利者，這是人之常情。

有經驗的社交者，在自己實力雄厚、絕對足以取勝的情況下，多半會刻意留一手，非但不使對方輸得很慘、狼狽不堪，甚至還可能有意地讓人勝一兩局。如此一來，既不妨礙自己在總體上的獲勝，又不使對手太失面子。

不但要儘量避免因自己的不慎，造成別人下不了台的情況，而且要學會在他人可能不好下台時，巧妙及時地提供一個「台階」。學會這個技巧，對口才、待人接物能力的提升，將有明顯幫助。

在競爭越來越激烈的商業社會，說話能力決定一個人的競爭力，因此你既必須洞悉處世心理學，也必須增強自己的表達能力。

每個人都喜歡聽好聽的話，想要脫穎而出，與別人互動的過程中，如何照顧別人的心理，如何把話說進別人的心坎裡，絕對是必修的學分。

在合適的時機，說合適的話

提出建議，固然是一種真誠、熱情、友善的表現，但必須注意態度，並選擇合適的時機，採用委婉的語氣，才能避免傷害別人的自尊。

很多人失敗，並不是敗於實力不濟，而是不知道運用「語言」這項利器，不知道什麼時候該說什麼話。唯有細心研讀並靈活應用語言的魅力，具備良好的說話能力，才能增強自己的競爭力。

人人都愛面子，一方面極力維護自尊，一方面渴望被別人尊重。

交談中惡語傷人，會極大地傷害別人的面子；交際中冷落別人，也會使人感到失面子；批評時，把人批得體無完膚，談判時使對方無言以對，或處處感到被操縱，都會使人感到有失面子。

當人們感到失了面子時，便會固執己見，不肯退讓。在這種情形下，考慮的不再是問題的是與否，一心只想盡力維護自己的觀點。尤有甚者，會採取針鋒相對的辦法，使對方也同樣感到難堪。

多數英明的領導者都認同，表揚時應該大造輿論，讓更多人分享成功的喜悅，同時盡可能用書面形式如獎狀等，延長表揚的喜悅和影響。至於批評則正好相反，應該單獨進行，並且注意可能產生的副作用，盡可能消除對方不愉快的心理影響。

有一句話說：「假如你想表揚一個人，用書面；假如你想批評一個人，用電話。」正是給別人留面子的做法。

不在第三者面前，尤其不在集體或具有特殊意義的人面前，批評一個人。隨意在別人面前批評人，最容易造成傷害。如果被批評者也是個領導者，將會因此而降低威信。

當眾批評，有時還會引起其他人的不安全感，批評者會被認爲苛刻、缺乏同情心。比較合適的辦法，還是私下談話，以討論的形式說出意見，避免不必要的矛盾。

此外，若是時間與情況允許，可以把問題暫時擱置，待雙方都冷靜下來之後，再用「不經意提醒」的方式進行。

這種方式，可以避免不冷靜的批評，也可以減少對方因失誤產生的不安，避免影響其他環節的工作。

當談話使對方處於窘境時，應該給個台階下，這不是妥協，是爲談話和緩地結束創造條件。顧全面子的策略或者小藉口，誰也不會當眞，但在當下卻可能很有必要。

有損別人面子的事情一定不要做，有損別人面子的話也一定不要說。一不小心傷害了他人的自尊，不僅使人際關係惡化，而且可能帶來不可彌補的損失。

人的自尊心比金錢更重要。一個人失去金錢，尙可忍受，可自尊心受到傷害，絕不會善罷干休。

有時候，我們雖然不是刻意，卻可能因爲一句無心之話，或一時口快而傷害別人，爲自己樹立敵人。

一次年終總結會上，經理正說到興頭上：「經過各位的辛勤工作，今年本部門共創造了兩百六十萬美元的利潤……」

「錯了，錯了！」小孫冷不防打斷經理的報告，「這只是上半年的資料，實際上，我們全年的利潤總額，已經達到三百八十萬美元！」

經理滿面通紅，尷尬萬分，勉強地把報告做完，會議草草收場。

現實生活中，類似小孫這樣心直口快的人不在少數，每當看到別人有什麼過錯，或者有看不慣的地方，就急急忙忙提出來。儘管是出於一片好意，提出的意見也很有價值，但由於不注意場合，不考慮方式，往往讓人感到沒面子，不但達不到應有的效果，還會使聽者心存芥蒂。

如果那位經理有容人之量，自然不會把如此一件小事放在心上，可萬一碰上的是一個比較愛面子的人，必定會把這件事情認爲是對他的不敬與冒犯，小孫往後的處境就很尷尬了。

相信很多人都有過親身體驗，被人直接了當地指出不足之處，並要求改正時，雖然明知道他說的是正確的，心裡仍感到不痛快，嘴上也不服氣地反駁，甚至會爲了爭自己的面子，與之對衝。

由此可知，提出建議，固然是一種眞誠、熱情、友善的表現，但必須注意態度，並選擇合適的時機，採用委婉的語氣，以對方容易接受的方式表明自身觀點，才能避免傷害別人的自尊。

在合適的時機，說合適的話。透過友善溝通、婉轉批評與自我批評，維護提高雙方的自尊，才能達到成功的標準。

與其多說，不如適時沉默

在特定的環境中，可藉沉默來表達心中的想法。透過這種毫不費力又不傷和氣的方法來達到目的，是真正明智的選擇。

作爲上司，免不了要碰上下屬犯錯的時候。

此時，這位下屬內心一定充滿恐懼，害怕同事們的埋怨、上司的斥責，擔憂得惶惶不可終日。

如果你看到他表現出這樣的神態，那麼，大可不必再因爲他的過失而給予嚴厲責怪。運用「此時無聲勝有聲」策略，更加有效。

一座寺廟裡，有一位德高望重的長老，手下有一個非常不聽話的小和尚，總是三更半夜越牆而出，早上天未亮再越牆而入。

長老一直想管教一下小和尚，但苦於沒有證據，無法採取行動。

這一天深夜，長老在寺廟裡巡夜，在高牆邊發現一把椅子。他知道那個小和尚必定藉此翻牆到了寺外，於是悄悄地搬走椅子，自己在原地守候。

天明前，外出的小和尚回來了。他爬上牆，再跳到「椅子」上。突然，感覺「椅子」變了，軟軟的，甚至有點彈性。落地後才知道，自己踩著的「椅子」已換成了長老，嚇得倉皇離去。

以後的日子裡，小和尚覺得度日如年，天天都誠惶誠恐地等待著懲罰，長老卻和從前一樣，對這件事隻字未提。

小和尚覺得再也無法忍受了，不想每天都在煎熬中度過，鼓起勇氣找到長老，誠懇地認了錯。出乎意料，長老聽完後只寬容地笑了笑，說：「不用擔心，這件事只有天知、地知、你知、我知。」

小和尚感動萬分，也備受鼓舞，從此收住心，再也沒有翻過牆。經過刻苦的修習，若干年後，接替圓寂的老和尚，成了長老。

看完這個故事，讓我們再看一個實例：

一九四一年十二月七日，日本海軍偷襲珍珠港成功。

儘管美軍損失慘重，太平洋艦隊幾乎全軍覆沒，但美國議員之中，仍有不少人反對向日本宣戰。

當時，羅斯福已經將局勢分析得十分明朗，他十分明白，如果不趁日軍立足未穩時發動戰爭，再拖延下去，將來的戰況將會變得異常艱鉅。

同時，他也明白那些持反對態度的人的想法。

第一次世界大戰，美國直到最後階段才參戰，且戰爭並未在本土進行，反而因此大發其財。可是現在狀況不同，一旦參戰，國內經濟必受影響，同時，勝負還很難預料。如果戰事對美國不利，到時如何收場？

羅斯福理解這些人的顧慮，但他以政治家的眼光覺察出，種種擔憂都毫無必要，美國必須參戰。

如何才能表達出他對這些人的不滿，以及必然能夠取勝的信心呢？

一次會議上，所有人又為該戰還是不戰爭論不休，雙腿殘疾的羅斯福突然想要站起來。見他辛苦掙扎的樣子，兩名侍從慌忙上前想幫他一把，意想不到的是，羅斯福竟憤怒地將他們推開。

在眾人驚訝的目光注視下，羅斯福搖搖晃晃地從椅子上緩緩站起，滿臉痛苦卻倔強地堅持著，默默看向周圍的人，一言不發。

電視機前的所有觀眾都看到了這一畫面，他們感動了。是呀！有什麼困難是不能克服的呢？國會很快做出了決議——對日宣戰！

有些時候，在特定的環境中，完全可以不必說那麼多話，以沉默來表達心中的想法，效果更好。透過這種毫不費力又不傷和氣的方法以達到目的，是眞正明智的選擇。

食言而肥，就沒有第二次機會

不準備兌現的輕率承諾無異於騙局，一旦食言，將會令你信用掃地。承諾，絕對不能當兒戲。

最失敗、最不受同情的，就是言而無信的人。

需要幫助的時候，又是保證又是承諾，好話一籮筐，說服大家紛紛效命，可一等事情結束就開始毀諾，把說過的話全忘光。這樣的人，必定失去人心，將來不管再碰到怎樣的困境，都不會有人同情，更別說是伸出援手了。

無論是什麼人，都不能輕易許諾，更不能輕易毀諾。許下的諾言不能實現，必將導致人際交往的失敗。

輕易對別人許諾，表示根本就沒有考慮過自己的能力，以及實現過程中可能遇到的種種困難，徒然給人留下「不守信用」的壞印象。

許諾越多，問題越多。所以，「輕諾」的結果必然是「寡信」。有幾分把握就該做幾分承諾，千萬不可開空頭支票。

不把話說得過滿，是一種分寸。

商務交際中，信守承諾是贏得信譽的最基本準則。

一般來說，對於正式場合的承諾，如簽字或協議，很少有人自食其言，往往能採取嚴肅認眞的態度竭力兌現。然而，對於另一種承諾——口頭承諾，看待態度就各有不同了。

有些人對口頭承諾的認識不足，每每輕率承諾，事後又不盡力兌現，以至造成不良的後果。

一七九三年三月，拿破崙偕同新婚妻子參觀了盧森堡的一所學校，受到校方的熱情款待。

拿破崙夫婦很受感動，當場送給校長一束價值三個金路易的玫瑰花，並說：

「只要我們的法蘭西還存在一天，每年的今天，我都將派人送給貴校一束價值相等的玫瑰花。」

然而時過境遷，由於各種原因，這位偉人最終沒能兌現自己的諾言。兩百年後的一九八四年，盧森堡政府重提舊事，向法國提出索賠，索要的利息高達一百四十萬法郎。

法國政府實在不甘為一句話付出如此高昂的代價，但為了挽回拿破崙的聲譽，只得發出委婉的道歉書，才算了結了這「千金一諾」。

由此可見，對於口頭承諾採取輕率的態度，是十分不明智的。它雖然沒有字據爲憑，但卻以人格爲擔保。不了解這一點，把口頭承諾當成一般的應酬，或當做好聽的話取悅於人，必將自食苦果。

口頭承諾一旦說出，就變成一種義不容辭的責任，兌現諾言的努力是取信於人的關鍵，具有重要意義。

要做到言必行、行必果，應該從兩個方面著手：

・切忌信口開河

應該謹慎地注意自己的一言一行，特別要注意把握說話的尺度和準則，對於沒有把握做到的事情，不可做出輕率的承諾。

・一諾千金，切忌食言

「食言」是大忌。一旦犯下這種錯誤，未來將很難再取信於人。應該慎言慎行，儘量少承諾，一旦承諾，則言出必行。若真的無法實現，應及時且主動地承認錯誤。

重要的正式交際活動忌食言，即使只是一般的日常交往中的口頭承諾，同樣也應採取慎重、嚴肅且負責的態度。

不準備兌現的輕率承諾，無異於騙局，一旦食言，必會令你信用掃地。切記，口頭承諾絕不能當兒戲。

說服，從拉近心理距離開始

口口聲聲都是「我們」，不僅表示排除了自我，且能觸發聽眾對集體的歸屬意識，即使厭惡被迫接受，也會不知不覺地軟化。

兵法上講：「心戰爲上，兵戰爲下。」意思是說，攻心才是眞正的上策。論辯猶如用兵，也要注重心理戰術，論辯中的「攻心爲上」，就是揣度對方的心理，注意論辯對策的合理性，使人形成心理的內化反應，瓦解鬥志。

林肯曾經說過：「不論人們如何仇視我，只要肯給我一個說話的機會，我就可以把他說服。」他之所以如此自信，就在於能夠巧妙地運用攻心爲上之術，拉近自己與聆聽者之間的心理距離。

「攻心爲上」技巧的運用，在林肯競選總統成功的過程中，具有重要的作用。他以樸實富有情感的話語擊敗用語華麗、口若懸河的對手道格拉斯，贏得億萬選民的心，就連原來竭力反對他的人，聽了他的競選論辯後，也爲他的眞情感動，轉而投票表示支持。

第二次世界大戰時，一九四一年耶誕節前夕，邱吉爾去了一趟美國，希望說服美國人和英國人站在一起，立即加入對德戰爭中，以扭轉英國面臨的危險。可是當時不少美國人對英國人不抱好感，反對介入對德戰爭，爲邱吉爾的說服工作增加了難度。

他不愧是著名的演說家，著手於攻心技巧的運用，用情感打動了美國人的心，終於使他們克服了對立的情緒，把英國人當成「自己人」，轉變態度支持政府援助英國，參加對德戰爭。

邱吉爾從兩國人民間共同的語言、共同的宗教信仰、共同的理想及長期的友誼入手，用「說英語的家庭，都應過一個和平安寧的耶誕節」，打動了美國人的心，使他們由反戰轉爲參戰。

除了「攻心」之外，要說出一番成功的論辯或者演說，除了造成聽衆心理與感情上的衝擊，更應該特別著重以下幾點，使表達更爲生動、強力且富彈性。

●強調要點，不重要的跳過

談話中，只對重要的字加強語氣，對其他字則匆匆跳過去。對整個句子也要這麼處理，以便讓一些重要的字眼得到突顯。

●改變聲調，高低交錯

與人交談時，語調不可一成不變，應該要有高有低。這種方式能令人感覺愉快，可以很自然地抓住聽衆的心。

●將「我」改成「我們」

說話時，反覆強調「我……如何」、「我……怎樣」，會令人有被迫接受的感覺，容易遭到厭惡或排斥。可想而知，聽眾會築起「自我的圍牆」，拒絕接受。與此相反，倘若說話者口口聲聲都是「我們」，不僅表示排除了自我，且能觸發聽眾對集體的歸屬意識。即使厭惡被迫接受，但在對方不斷施展「我們」的魔力下，態度也會不知不覺地軟化。

從心理學上來說，這種手法可巧妙地隱匿自我，消除聽眾的敵意，激起共同意識。此外，還可獲得兩重好處，一是在當下增強自我觀點的客觀性、普遍性；二是在事先推卸責任，在「我們」、「群眾」的保護下，逃避懲罰。

●調節說話的速度

平常與人交談時，我們時常會更改自己的說話速度。這種方式不僅令人聽了愉快、自然，不會有奇怪的感覺，而且具有強調的作用。事實上，這正是把某項要點強調出來的好方法。

●在要點前後稍微停頓

當你說到一項要點，希望在聽眾腦海中留下深刻印象時，應該傾身向前，直接望著對方的眼睛，但一句話也不要說。突然而來的沉默，其實和突然而來的嘈雜具有相同效果，能夠吸引人們的注意力。這樣做，將使每個人都提高注意力，警覺起來，注意傾聽談話者下一句要說些什麼。

只要抓住以上要點，就能拉近自己與聆聽者的心理距離，更能夠讓你說出的話更吸引人。

選對方法，就能說服對方

說服的目的，是借對方之力為己服務，而非壓倒對方，因此，一定要從感情深處著手征服。

只要仔細觀察那些辦事效率高的人，你很可能會發現，他們大都不是伶牙俐齒的人，相反的，還總是略帶羞澀，言語不多。

這是爲什麼呢？

道理其實很簡單，那些反應迅速、能言善辯的人，往往有個不好的習慣，就是會透過踐踏別人的自尊來表現自己的能力，在打擊別人的同時抬高自己。這種人的存在，會造成對合作不利的負面氣氛。

你是你自己世界的中心，同樣的，你的同事也是他自己王國的國王。他可能會對你感興趣，但這種興趣，很難與他尋求自我保護和對自己幸福的關心相比。如果你要想爭取別人的關注、友誼，甚至是和你一起工作，首先必須考慮到這一點。

想得到一個人的合作，必須從他的角度和觀點來觀察事物。什麼是他感興趣的？是否有他感興趣的事，會因合作而受到損害？如果從他那方面看，有明顯的異議，你準備採取什麼樣的措施來改變狀況？

與人交談時，要考慮好方法，談論對方關注的問題，同時使他與你共處於整個事物的中心位置。除了強調共同的利益之外，往往還必須採用說服手段，才能得到真正的同意。

不少人有一種錯誤習慣，說服別人時，經常會先想好幾個理由，然後才去和對方辯論。還有些人喜歡站在長輩的立場上，以教訓的口吻指點別人該怎麼做。這樣一來，就等於先把對方推到錯誤的一方，效果往往不彰。

說服人的方法和技巧很多，以下幾種比較實用和簡便：

•用高尚的動機來激勵

一般情況下，每個人都崇尚高尚的道德，至少對於待人接物，有最基本的規範和認知。

所以，在說服他人轉變看法時，一個有效的辦法，就是用高尚的動機來加以激勵。比如說，這樣做將給國家、公司帶來什麼貢獻，或將給家庭、子女帶來什麼好處，或者對自身的威信有什麼正面影響……等等。

•用熱忱的感情來感化

說服一個人的時候，對方最擔心的是可能會受到的傷害，因此在思想上先砌上一道牆。面對此種情況，不管你怎麼講道理，他都聽不進去。

解決這種心態的最有效的辦法，就是用誠摯的態度、滿腔的熱情對待他，說服的時候，表現出情不自禁的感情，使他內心受到感動，進而改變態度。

•通過交換資訊促使改變

實踐證明，人抱持不同的意見，往往是由於掌握了不同的資訊。有些人學習不夠，對一些問題不理解；也有些人習慣於老的做法，對新的做法不了解；還有些人是聽了誤傳，因而對某些事情生出誤解。

在這種情況下，只要能把正確資訊傳遞出去，他就會覺察到自己的行爲並不像原來以爲的那麼正確，進而採納新主張。

•激發主動轉變的意願

想讓別人心甘情願地去做某件事，最有效的方法不是談你需要的，而是談他需要的，教他怎麼去得到。所以有人說：「撩起對方的急切意願，能做到這一點的，世人都與他同在。不能做到者，將孤獨終生。」

探察別人的觀點，並且在他心裡引起對某項事物迫切需要的願望，指的並不是操縱他，使他做只對你有利的某件事，而是要他做對他自己有利，同時又符合你的想法的事。

●用間接的方式促使他轉變

說服人時，直接指出錯誤，對方常常會採取守勢，並竭力爲自己辯護。因此，最好用間接的方式讓他了解應改進的地方，從而自願轉變。

所謂間接的方法，包括了很多，例如把指責變爲關懷、用具體的比喻來加以規勸、避開實質問題談相關的事、談別人或自己的錯誤來啓發、用建議的方法提出問題……等等。

這需要根據實際情況的不同，創造性地加以運用。

●提高對方的期望心理

被說服者是否接受意見，往往和他心目中對說服者的「期望」心理有關。說服者如果威望高，一貫言行可靠，或者平時和自己感情好，覺得可以信賴，被說服者自然比較願意接受，反之，就可能產生排斥心理。

步步為營，力求穩中求勝

說服需要一定的技巧。其中最重要的，是要依循一定的步驟，像行軍打仗一樣，步步為營，力求穩中求勝。

說服，需要一定的技巧。其中最重要的，是依循一定的步驟。

說服他人，應按照什麼樣的程式來進行呢？

概括起來，大致有以下四步驟：

• 吸引對方的注意和興趣

想讓對方同意自己的觀點，首先應吸引勸說對象，將注意力集中到自己設定的話題上。利用「這樣做，你覺得如何」、「這對你來說，絕對有用」之類的話吸引注意力，是不錯的方法。

爲了避免一開始便出師不利，以下幾個要點務必要掌握好：

1.留下良好的第一印象。

2.平時多留意自己的言談舉止，絕對要做到言行一致。

3.主動與周圍的人接觸，建立良好的人際關係。

4.再小的承諾也要履行，言出必行。

5.不撒謊——除了善意的白色謊言。

•明確表達自己的思想

具體說明想要表達的意思，比如「如此一來不是就大有改善了嗎」之類的話，更進一步深入，以便讓對方能夠充分理解。

明白、清楚的表達能力，是成功說服中不可缺少的要素。對方能否輕鬆地傾聽你的想法與計畫，取決於你如何巧妙地運用語言技巧。

爲了讓描述更加生動，在說服過程中，少不了要引用一些比喻、舉例，以加深聽者的印象。

適當地引用比喻和實例，能使人產生具體印象，讓抽象晦澀的道理變得簡單易懂，甚至使你的主題變成更明確或爲人熟知的事物。如此一來，必然能夠順利地讓對方在腦海裡產生出鮮明印象。

說話速度的快慢、聲音的大小、語調的高低、停頓的長短、口齒的清晰度……凡此種種，都不能忽視。

除了語言，最好同時以適當的表情和肢體語言來輔助，加強說服的力度。

●動之以情

透過你的說服內容，了解對方對這個話題是否喜好、是否滿足，再順勢動之以情，或誘之以利，不斷刺激他的欲望，直到躍躍欲試爲止。

說服前，最好能夠準確地揣摩出對方的心理，才能夠打動人心，例如他在想什麼？他慣用的行爲模式爲何？現在他想要做什麼……等等。

一般而言，人的思維行動都由意識控制，儘管受到他人和外界強烈的建議或強迫，也不見得能使其改變。

想要以口才服人，必須意識到說服的主角不是你，而是對方。

也就是說，說服的目的，是藉對方之力爲己服務，而非壓倒對方，因此，一定要從感情深處著手。

•提示具體做法

在前面的準備工作做好之後，就可以告訴對方，該如何付諸行動了。你必須讓他明瞭，應該做什麼、做到何種程度最好……等等。到了這一步，他往往會痛快地按照你的指示去做。

說服需要一定的技巧。其中最重要的，是要依循一定的步驟，像行軍打仗一樣，步步爲營，力求穩中求勝。

各說各話，只會導致僵持不下

站在對方的角度看問題，才能很快地消除矛盾，令雙方滿意。各說各話，僵持不下，只會使局面更陷入尷尬境地。

東漢末年，曹操率兵在官渡大敗袁紹，創造了中國戰爭史上以少勝多的著名範例，為統一北方奠定了基礎。

雙方交戰之時，袁紹的兵力數倍於曹操，曹營形勢一度岌岌可危。但袁紹剛愎自用，不聽忠言，使得帳下謀士憤而投奔敵營，獻計獻策，火燒袁軍的糧草重地烏巢，曹軍方得大勝。

勝利後，曹軍卻發現，袁紹留下的文件中，竟有大量朝中官員寫來的書信，全都是討好他，以為自己謀求退路的。

有人建議曹操徹底追查此事，以通敵罪名論處這些官員。

曹操否決了建議，也沒看這些信件，直接命人全部燒掉。望著燃起的火焰，他說：「當時形勢危急，我尚不能自保，他們這樣做，也是迫不得已啊！」

曹操從官員的角度思考問題，沒有看信件就加以燒毀，並表示理解這些人的苦衷。這個舉動，使原來討好袁紹的官員沒有了後顧之憂，從此死心塌地地為他效命。

這個例子，又一度證實了將心比心的重要。現在，讓我們更進一步來看，在溝通過程中各說各話，又會導致什麼樣的局面。

烏頓在紐約的一家百貨商店買了一件外套，穿上後卻很失望，上衣嚴重褪色，把他的襯衫領子都染黑了。

不得已之下，他又來到該商店，找賣衣服給他的店員，告知情形。想不到聽完之後，店員卻聲稱，他們已經賣出了數千件同一款式的外套，烏頓是第一個來挑剔的人。正當兩人為此激烈爭論的時候，另一個店員也加入，說所有黑色的衣服都要褪一點色，並強調這種價位的成衣本就如此。

烏頓聽到這些，氣得冒火，店員不僅懷疑他的誠實，還諷刺他。正要破口大罵，經理先一步走了過來。

他先靜靜地聽烏頓再講述一次事情的經過，然後竟與不服氣的店員們辯論起來，指出烏頓的襯衫領子明顯是受到此外套染色，並堅持，不能令客人滿意的東西，就不應在店內出售。

就在幾分鐘前，烏頓還打算無論如何都要退回這件外套，現在卻改變了主意，決定接受經理最後提出的建議，再試穿一星期，看看結果。如果到時仍不滿意，再來更換。結束談話，面帶微笑的烏頓，非常滿意地走出商店。無論結果如何，至少，他對這家店的信任已經恢復了。

請不要忘記一個真理：正與你談話的人，對他本身、他的需要、他的問題，永遠比對你及你的問題要更感興趣千倍。因此，只有站在對方的角度看問題，才能很快地消除矛盾，令雙方滿意。

各說各話，僵持不下，只會使局面更陷入尷尬境地。

給別人面子，替自己留下退路

多個朋友就多條路，多個敵人就多堵牆。給別人面子，能贏得友誼、理解和發展，化干戈為玉帛。

眞正的聰明人，在與人交往的過程中，必定做到說話辦事有理有據、有禮有節，掌握分寸，絕對不把話說死、說絕，說得連自己都毫無退路可走。

人人都有自尊心和虛榮感，甚至連乞丐都不受嗟來之食，因爲那太傷自尊，太沒面子。更何況今天雙方還是地位相當、平起平坐的同事呢？

身在職場中，縱使再難相處的同事犯了錯，也千萬爲他保留面子，別輕易毀掉彼此的交情。

保留他人的面子，是一個很重要的問題。其實，這並不是一件多困難的事情，往往只要多考慮幾分鐘，多講幾句關心人的話，多爲他人設身處地著想，就可以緩和或者避免許多不愉快。

《聖經．馬太福音》中有句話：「你希望別人怎樣對待你，就應該怎樣對待別人。」被大多數西方人，視爲待人接物的黃金準則。

眞正有遠見的人，不僅要在與別人的日常交往中，爲自己累積最大限度的人緣，同時也會給對方留下相當大的轉圜餘地。

給別人留面子，其實也就是給自己留面子。

言談交往中，少用那些「絕對肯定」或感情色彩太強烈的語言，適當使用「可能」、「也許」、「我試試看」和感情色彩不強烈、褒貶意義不太明確的中性詞，更能讓自己遊刃有餘，爲他人留下餘地。

試想，如果某一個早晨，你滿懷熱情地進辦公室，竟發現人人對你視若無睹，誰都不願主動與你說話，接下來的一天，還能有心情好好工作嗎？

當然沒有！因爲你只想知道：這是爲什麼？

不妨想想，當大家難得聚在一起聊天的時候，你是否仍然自命清高地做自己的工作，不願意參與其中，開一些無傷大雅的玩笑，或談些家務瑣事？

你是否曾很不厚道地把同事告訴你的話，轉告給上司？

當同事在你面前有意無意地表現自己有多能幹，多受上司的信任時，你是否從不稱讚、祝賀，總是顯出一副不以爲然、頗爲嫉妒的樣子？

你若不先給人面子，別人必定會以冷漠回應。

生活中，多個朋友等於多條路，多個敵人就是多堵牆，這個道理，放諸四海皆準。若不能團結週遭衆人，寸步難行的，無疑是自己。

沒有人喜歡平白無故挨耳光，同理，也沒有人會毫無理由地拒他人的好意於千里之外。給別人面子，就能贏得友誼、理解和發展，化干戈爲玉帛。

6

Chapter

請將，不如聰明激將

被激的一方，必須是那種能激起來的人物。

另外，激將法是在雙方較為熟悉的情況下進行的，

不宜對陌生人採用。

以熱忱為引信，激發別人的熱情

若不是帶著堅信的心情述說，就激不起別人的熱情和動力，那麼一來，場面和氣氛也就毫無生氣。

無論是做事情還是做人，都要充滿熱忱，並且適當地表現。

成功的演說家往往思維靈活，善於託物寓意，常常由人們意想不到的角度切入話題，使得聽眾在會心悟解後，從心底升騰起喜悅，造成和諧的、充滿意趣的熱烈氛圍，效果也就不言而喻了。

愛默生說過：「無熱忱即無偉大。」這正是通往成功的指路航標。擁有熱忱的人，眼中會散發出光彩，聲音也會充滿熱情，聽眾必然自然而然地受到鼓動，進而接受意見。

一個人成功的因素很多，居於這些因素之首的，就是熱忱。

有的人可能並不會用華麗的詞藻，但散發出來的熱忱，卻能從一開始就抓住聽衆，使他們從頭到尾一直全神貫注地聆聽。

當一個演講者敘述自己的親身見證，描述生命給他的深刻教導的時候，不管這經驗多麼瑣碎，或者多麼微不足道，總是能吸引人的注意力，並且更容易引起共鳴。

演講時，描述曾經給你啓示的經驗，應佔去大半時間。這些經驗並不需要費多少腦力去苦苦尋找，因爲它們就存在於你的記憶表層，不時引導你的行爲。把這些事件具體又逼眞地重新勾畫，便可變成影響別人的基礎。

向別人發表你的觀點，以討論意見作爲開始並不聰明，應以不斷強調雙方同意的事情做爲開始。不斷強調你們都在爲相同的目標努力，唯一的差異，只在於方法，絕非目的。

在人類的歷史上，發生過許多重大事件，之所以能成功，都是由於人們的熱情推動。同樣的道理，要想讓演說成功，也必須有熱誠。亦即講話者能知道他所講的是什麼，並堅信這正是他的中心思想。

只有投入了眞情，由依靠心靈傳遞思想的演說，才能打動並說服聽眾。

卡內基曾說：「若一位演講者帶著堅信的口氣，誠懇地敘說，那他不會失敗。不論所講的內容是政治、經濟政策，或是一個人的旅行感觸，只要確實覺得心裡有不能不告訴人的衝動，那麼，演說就會帶有強烈的感染力，足以打動人。用何種方式表達並不重要，重要的是要帶有情感。具有熱誠的演講者，影響力將是巨大的。他也許會在修辭上犯無數的錯誤，但這不會影響演說的成功，因為聽眾可以原諒——事實上，聽眾幾乎察覺不出他有錯誤。」

歷史可以見證，林肯演說時高尖的聲音極不悅耳，大演說家戴莫森講話口吃，胡克的聲音很小，但他們都有滿腔熱誠，能彌補這些不足。

若不是帶著堅信的心情述說，就激不起別人的熱情和動力，演說的場面必將毫無生氣。想避免這種失敗，就要把搜集的事實加以審慎思考，挖掘它們的重要性。打算說服別人之前，首先要堅信自己的論點。

有一天，一位陣亡兵士的遺孀——一位年邁的寡婦，蹣跚地走到尚未參選總統的林肯的律師事務所，泣訴某位政府行政官員，竟在她領取四百元撫恤金時，苛索了兩百元的手續費。

林肯聽罷勃然大怒，決定立刻對那位行政官員提起訴訟。

為了在法庭上勝利，做準備時，他特意讀了華盛頓的傳記和美國革命戰爭史，這大大激起了他的愛國情緒。

開庭的那天，他先追述著，當初是由於美國人民受到壓迫，從而激起愛國志士對民族的熱情，乃群起為自由而戰。接著，他描述了他們所經歷的艱難困苦，以及在嚴寒天氣下，走過冰天雪地的痛苦。

然後，他突然怒指那位行政官員，痛斥他居然敢剝削當年為國捐軀的兵士的遺孀半數撫恤金。

林肯目光怒視著那位被告，全身激動，幾乎想剝了那位行政官員的皮。在訴訟辯論即將結束時，他大聲疾呼：「時代向前邁進，一七七六年的英雄已經死去，他們被安頓在另一個世界。在座的證人、先生們，那位兵士已經長眠，現在，他那年老、衰危、又跛又盲、貧困無依的遺孀，卻來到你我的面前，請求為她求取公平，請求同情的幫助與人道的保護。我們這些享受革命先烈掙下的自由的人，是否應該援助她呢？」

這一番話，不僅感動了在場的法官，更讓陪審人眼中都含了淚，他們一致認爲那位老婦人所應得的養老金，分文也不能少給。

亞力山大．伍科特曾說：「一個人說話時的真誠，會使他的聲音煥發出真實的光彩，那是虛偽的人假裝不了的。」

用發自內心的篤信的光輝，以肯定自己的意念，說服效果更好。

避免和別人發生爭論

成功大師卡內基認為：「十之八九，爭論的結果，會使雙方比以前更相信自己是絕對正確的。爭輸了，你當然就輸了，即便贏了，你其實還是輸了。」

面對反對者，羅斯福總統往往會和顏悅色地說：「親愛的朋友，你到這裡來和我爭執這個問題，真是一個妙人！但在這一點上，我們兩個的見解自然不同，倒不如先來談其他話題吧！」

無論成功者採用什麼方式駕馭別人，我們都可以注意到，他們的第一步是「避免爭論」，策略是以「迎合別人的意志」及「免除反對意見」來感動人。

碰到任何一種反對意見，你都應當先盤算著：「關於這一點，我能不能在無關大局的範圍中讓步呢？」

爲了使對方順從，你應當儘量表示一些「小的讓步」，有時，爲了避免過度爭論，甚至還可以將主見暫時收回。

如果碰到對於你的主要意見十分反對的人，最聰明的做法，還是把這個問題暫時延緩，不必立求解決，這麼做，一方面使對方得到重新考慮的機會，另一方面，也使你自己得以重新布策。

如果衝突無法避免，必須迎頭碰上，應設法讓反對者說出他要說的話。即使不贊成他們的意見，也要表示你能夠完全了解他們的態度。

以爭論獲得的勝利，不僅沒有具體益處，而且還將破壞雙方的情誼。爭論，不僅使個人的精神、時間、身體，都蒙受莫大的損失，最大的可怕影響，還是在人際關係上。

因爲爭辯而發生的不合作的現象，可謂屢見不鮮，不但使社會減少了合作的能力，就連許多國際間的糾紛，乃至戰爭的爆發，大多數也都是由瑣碎事情的爭論所造成。

班傑明．富蘭克林曾說：「老是爭辯、反駁，也許偶爾能獲勝，但那是空洞的勝利，因為你永遠得不到對方的好感。」

你必須衡量一下：自己想要的，究竟是一種字面上的、表面上的勝利，還是別人眞誠的好感？

美國威爾遜總統任內的財政部長威廉．麥肯鋒，將多年的政治生涯中獲得的經驗，歸結爲一句話：「光靠辯論，不可能使無知的人服氣。」

兩千年以前，耶穌便曾說過：「盡快同意反對你的人。」

將時間點更往前推，甚至在耶穌出生的兩千年前，埃及的阿克圖國王，便給了他兒子精明的忠告：「圓滑一些，它可使你予求予取。」

如要使人同意你，請先尊重別人的意見，千萬不要直接指出對方的錯誤。

成功大師戴爾．卡內基認爲：「十之八九，爭論的結果，會使雙方比以前更相信自己是絕對正確的。爭輸了，你當然就輸了，即便贏了，你其實還是輸了。」爲什麼？

你將對方的論點攻擊得千瘡百孔，證明他一無是處，那又怎麼樣？你會爲此洋洋自得，但他呢？你傷了他的自尊，他會怨恨你的勝利，即使口服，心裡也不會服氣。

所以，永遠不要與人爭論。

歐哈瑞是紐約懷德汽車公司的明星推銷員。他是怎麼獲得成功的？讓我們來聽聽他的說法。

「以前，當我走進顧客的辦公室，聽見對方說：『什麼？懷德卡車？不好！你送我都不要，我要的是何賽的卡車。』一定會開始據理力爭，挑何賽卡車的毛病，然而很遺憾，往往我越批評別的車子不好，對方就越說它好。雖然我的專業知識，能將對手辯得無言以對，但我頂多只能滿懷勝利感走出去，車卻沒有推銷出去。」

「後來，我改變了做法，再聽到這類話時，改說：『何賽卡車的確不錯，買他們的絕對錯不了。他們不但產品品質優良，業務員素質也非常好。』這樣對方就無話可說了，他總不能在我同意他的看法後，還說一下午的『何賽的卡車最好』吧！於是接下來，我們不再談何賽，我開始介紹懷德的優點……」

明白了爭論的壞處，接著該學會的，是有效避免爭論。以下是可以採用的幾種好方法：

・先聽再說

讓你的反對者有說話的機會，先讓他們把話說完。過程中，儘量專心傾聽，不要抗拒、防護或爭辯。

・尋找同意的地方

聽完了反對者的話以後，首先去找你同意的地方，並表示肯定。

・不要相信你的直覺

當有人提出不同意見的時候，你最自然的反應必定是反駁並自衛。此時應該要更慎重，保持心態的平靜，克制直覺反應。

・控制你的脾氣

根據一個人在什麼情況下發脾氣，以及發火的方式，足以測定這個人的度量和成就究竟有多大。

- 認真並真誠考慮反對者的意見

你的反對者提出的意見可能是對的，這時候，同意考慮他們的意見顯然是比較明智的做法。

希望避免那些非原則性的爭論，就要記住這句話：「當兩個夥伴意見總是相同的時候，其中之一就不需要了」。

如果你沒有想到的地方，由別人提了出來，應該衷心表示感謝。別忘了，傾聽不同的意見，正是避免重大錯誤的最好機會。

當一個合格的傾聽者

注意傾聽可以給人留下誠實可靠的良好印象。認真傾聽，能減少語言中不成熟的評論，避免不必要誤解。

別把日常生活的溝通想得太嚴肅，很多時候，並不需要我們爲別人出主意或提供一些解決問題的辦法。說話者最迫切需要的，往往只是耐心的傾聽，並在傾聽過程中做出適當的回應，表示同情和理解。

傾聽，也是一種溝通的藝術。

傾聽，另外還是一門學問，我們不僅要傾聽別人的聲音，參考其他的建議，更要傾聽平時少爲人聽或不爲人聽的聲音，那裡面也許正藏有珍寶。

學會傾聽，發掘生活中的小秘密，是許多成功者的求勝秘訣。

一般人總是認爲，能言善道者才是善於交際的人，其實是錯誤的，或者說不夠完全的。眞正擅長交際者，必定也善於傾聽。

有的人口才好，鋒芒畢露，常有言過其實之嫌。話說多了，會被認爲誇誇其談、油嘴滑舌。而且，言多必有失，口若懸河還易導致禍從口出。靜心傾聽，正好能消除以上種種溝通弊端。

注意傾聽可以給人留下謙虛好學、專心穩重、誠實可靠的良好印象。認眞傾聽，能減少語言中不成熟的評論，避免人際交往中的不必要誤解。善於傾聽的人，常常會有意想不到的收穫，歷史上的成功者，大都是善於傾聽的人。

一位心理學家曾說：「以同情和理解的心情傾聽別人的談話，是維繫人際關係、保持友誼的最有效方法。」

由此可知，說是一門藝術，聽，更是藝術中的藝術。

更進一步看，「聆聽」的要旨，是對某人所說的話「表示有興趣」。眞正有效的聆聽，不僅僅是耳朵的簡單使用，更是和嘴巴、腦袋有效的配合。

有這樣一個人，被一家大公司聘用擔任銷售經理，但是他對公司的推銷品牌和推銷業務並不十分熟悉。當銷售人員到他那裡去彙報工作並徵求建議時，他根本無法提供任何答覆，因為一無所知。

然而，這個人卻是一個懂得傾聽的高手。每當手下的銷售人員問他的看法和建議時，他會回答：「你自己認為應該怎麼做呢？」

聽到這樣的問題，那些人自然會說出他們的想法和解決方案。他傾聽了對方的彙報後，便可以就自己關心的問題提出疑問或建議，與銷售人員進行交流。因此，從來沒有人質疑，他不是一個優秀的銷售經理。

想當一個合格的傾聽者，應當掌握的四大要點如下：

・注意

傾聽時，雙眼應注視說話者，將注意力集中在談話的內容上，給對方一個暢所欲言的空間，不搶話題，表現出認真、耐心、虛心的態度。

・接受

交談時，透過認同地微笑、肯定地點頭，或者手勢、體態等，做出積極的反應，表現出對談話內容的興趣與對說話方的尊重。

．引申

透過對某些談話內容的重複，或提出某些恰當的問題，表示對談話內容的理解，同時幫助對方完成敘述，使話題更進一步深入。

．欣賞

在傾聽時找出對方的優點，顯示出發自內心的讚嘆，給以總結性的高度評價。欣賞可使溝通變得輕鬆愉快，是良性溝通不可缺少的潤滑劑。

當我們遇到不如意的事情時，總想找個人一吐為快，可想而知，別人當然也會和我們一樣。

在他人不如意時，我們的傾聽往往會起到意想不到的緩解其心理壓力的作用。若是碰上傷心的朋友找你傾訴，千萬不要拒絕，因為現在他正需要你。

千萬別小看了傾聽，這不僅能幫助他人減輕心理壓力，更能提升你在人際交往中的魅力。

積極傾聽，適時給予回應

掌握積極的傾聽法，別人在想些什麼，便能摸得一清二楚，接下來再進行說服，自然能夠很容易地抓住要領，切中要害。

勸說別人的時，與其一味地滔滔不絕，倒不如認眞聆聽他人的心聲。這麼做，更容易得到對方的回應。

也許你因爲不耐煩別人的嘮叨，不願傾聽。但有經驗的說服者，無不十分樂意扮演好聽衆，有時，甚至連自己的事情都可以先放下不管，去聆聽別人的「牢騷」。這並不是白費力氣，很多人正是感受到了貼心的關懷，才願意在說服者的面前卸下防備，暢所欲言。

人們總希望自己不是可有可無的小配角，而是不可或缺的主角。一味地聆聽別人說話，豈不是顯不出自己高人一等的能力？

這種想法其實是不正確的。想充分了解對方，進而對症下藥，達成一舉說服的目的，必須扭轉這種心態。換句話說，就是要設法誘使對方說話。

明白發話者的心態，讓說服的目標明朗化，將使你的說服力在無形之中跟著加強。認眞傾聽，對方就會對你產生信任和依賴感，直接的影響，當然就是增強你的說服成功率，並且得到更多具有價值的情報。

取得信任，顯然是成功說服的關鍵。先求取得信任，再設法切入說服的主要內容，這才是正確步驟。

每一個人都應該明白，「聽」是一門藝術，當中大有學問。尤其是在想要擁有一份好的人際關係、找到一份好工作時，它絕對是不可缺少的。

當然，並不是隨隨便便地「聽」，就能聽出個中精髓。在別人訴說之前，必須先對對方當下的心情和感情具備一定程度的了解，否則無法領悟到「聽」的眞諦。爲了達到「聽」的眞正目的，必須掌握正確的「聽」法，亦即站在理解說話者的心情與情緒的基礎上去聽，這才是「積極傾聽法」。

認眞地傾聽別人談話的同時，應當快速地在腦海中將對方所說的話進行過濾，就像放電影一樣放映一遍，即使發現其中有錯誤，也不要馬上指正，更不能打斷講話。此外，過程中，應盡可能自然地附和，即使想向對方提出要求，語氣也應該保持禮貌，比如「您能再說得具體些嗎」、「剛才的話有點深奧，能麻煩您再解釋一遍嗎」之類。

交流時，充分理解對方的心情與感覺是很重要的。因此，聽見與情緒有關的喜、怒、哀、樂話語時，最好能適時回應、附和，如「眞是太令人高興了」、「眞值得同情」、「眞讓人生氣」等等，讓人覺得你能感同身受。

聽聞有關價值觀與性格的話題時，也應及時地做出反應。因爲這些話間接反映了對方的生存原則及行爲模式，對於達成說服目的非常重要。

掌握積極的傾聽法，就可以輕鬆地去「聽」他人訴說了。透過這種方法，別人在想些什麼，便能摸得一清二楚，接下來再進行說服，自然能夠很容易地抓住要領，一舉切中要害。

請將，不如聰明激將

被激的一方，必須是那種能激起來的人物。另外，激將法是在雙方較為熟悉的情況下進行的，不宜對陌生人採用。

培養並掌握「說話」這門藝術，必須從很多方面一起著手。除了得具備前述的積極傾聽技巧，也要懂得適時運用激將法。

一般人雖然都對激將法這個詞不陌生，卻未必懂得它指的究竟是什麼，多半只有模糊或者片面的認知而已。

激將法，簡單地說，就是根據心理特點，使對方在某種情緒衝動和鼓動之下，做出某種毅然的舉措，而這種舉措是對自己有益的，能達成某種目的。

三國時，諸葛亮為了抗曹，來到江東。

他知道孫權是個不甘居人之下的人，於是在見面時，首先大談曹軍兵多勢大，說：「曹軍騎兵、步兵、水兵加在一起，有一百多萬！」

孫權大吃一驚，追問：「這數子有假吧？」

諸葛亮一筆一筆地算，最後算出曹軍的確有兵將一百五十多萬。他接著又說：「我只講一百萬，是怕嚇倒了江東的人呀！」

這句話的刺激性不小，孫權急忙問計：「那我是戰，還是不戰？」

諸葛亮見火候已到，說：「如果東吳人力、物力能與曹操抗衡，那就戰；如果您認為敵不過，那就降。」

孫權不服，反問：「照您這樣說，劉備為什麼不降呢？」

此話正中諸葛亮下懷，他進一步使用激將法說：「田橫，不過是齊國一個壯士罷了，尚且能堅守氣節，何況我們劉皇叔是皇室後代，蓋世英才，怎麼能甘心投降，任人擺佈呢？」

孫權的火立刻被激了起來，決心與曹軍決一死戰。

巧言激將，指的是在某些特定的環境和條件下，當有些人的自尊心受到壓抑，或者由於遭受挫折、犯了錯誤，以及其他種種原因，產生自卑感時，故意再給予貶低、刺激，藉以重新激發他的自尊心、自信心。

俗話說：「請將不如激將。」正確運用巧言激將法，一定能收到預期的效果。當然，一定要先衡量不同交談對象的客觀情況，擬定不同的激將策略。這就猶如治病，對症下藥，才有療效。

‧直激法

直激法就是面對面直率地貶低對方，刺激他、激怒他，以達到使他「跳起來」的目的。

‧暗激法

有意識地褒揚第三者，暗中貶低對方，激發出壓倒、超過第三者的決心。

人們都希望受到尊重，當有人在自己面前故意誇耀第三者，顯然會對起一種暗示性刺激。暗激法的巧妙，就在於它是以「言外之意」、「旁敲側擊」，委婉地傳遞刺激訊息。

●導激法

激將，有時並不是簡單的否定、貶低，而是「激中有導」，用明確的或誘導性語言，把對方的熱情激發起來。

某校有一個調皮學生，成績一直很差。一次，他打了一位同學，還洋洋自得。老師對他說：「光能靠打架贏人，算什麼英雄呢？你的期末考試成績，能夠勝過人家嗎？」

一句話，激得這個調皮學生發憤，成績由此有了明顯的進步。

運用導激法，必須注意以下幾個問題：

1.看對象

被激的一方，必須是那種能激起來的人物，還要有強烈的自尊心，方能收到效果。另外，激將法是在雙方較爲熟悉的情況下進行的，不宜對陌生人採用。

2.看時機

如出言過早，時機不成熟，「反話」容易使人洩氣；出言過遲，又成了「馬後炮」。因此，運用導激法，不可不注意尋找合適時機。

3. 注意分寸

運用激將法，不痛不癢的話當然不行，但言詞過於尖刻，也會令人反感。

•反語式激勵法

正話反講，用故意扭曲的訊息和反激的語氣，表述自己的意念，以激起對方發言表態，達到預期目標。

•及彼式激勵法

這是一種推己及人、將心比心的策略，激發對方做角色對換，設身處地設想，從而同意他人的語言回饋。

一位女公關人員陪同一位前來訪問的女經理，在市區進行半日的參觀遊覽。出發前，上司特別關照這位女公關人員，中午必須要設法設宴款待對方。

參觀某個景點時，經過兩家不錯的飯店，公關小姐一連向女經理詢問了兩次：「您的肚子餓嗎？」

女經理都客氣地搖搖頭。

後來，出了景區，公關小姐眼看行程即將結束，女經理就要回賓館用餐了，於是換了一種說法：「真是不好意思！老實說，早上出來時，怕您等我，我沒有來得及吃早餐，不過就吃了兩三塊餅乾，現在倒餓了。不介意的話，可否請您陪我吃一點呢？」

女經理聽了，欣然點頭。

及彼式的激勵，就是一段先由己及彼，再由彼及己的過程。

現實生活中，施行激將法，首先得了解所求之人的心理和情感世界的倏然變化，了解對方的好惡和是非標準，根據其社會平衡關係，機動靈活地激發產生某種情感和心理傾向，才能促使對方按照這種傾向，做出有利於己方的決策，並付諸行動。

避實就虛，爭取空間緩口氣

暫時迴避和正式迴避都只是一種手段，並非為了逃避，而是為自己謀求更大的空間，醞釀更強力的攻勢。

「避」，在談判中，是一種重要的技巧。

當對方反駁己方的既定條件，但己方不宜與其正面論爭，或是對方對談判結果反悔，己方不願修改時，「避」的技巧，就可派上用場了。

「避」在某種意義上說，是「守」的變形，二者功能相同，但形式有異。「守」表現爲正面交鋒，目的在陳述理由，反擊對手的攻勢，堅持本方的觀點。「避」則不然，一般不與對方做正面交鋒，是以與談判無直接聯繫的方法，封鎖對方的進攻，實現目的。

這種迴避技巧，又可細分為暫時迴避和正式迴避兩種。

●暫時迴避

若暫時無法決定是否接受對方的條件，需要評估之後才能拍板，暫時迴避就可為自己贏得時間。

最常見的做法，就是告訴對方：「很抱歉，我得去一下化妝室。」而後起身佯裝上廁所，為自己贏得些許時間。

回到談判桌後，可以繼續談判。若希望得到更多緩衝時間，也可以用比較外行的身份，提出虛心的請教：「我進入這一行的時間較短，沒什麼經驗，您能否幫我分析一下，依照您開出的條件，對於雙方，會有哪些影響？」

對方做分析時，就可在心中另行計算。相信等他分析完畢，對於是否能夠接受這個條件，或者該如何應對、反駁，你已心中有數了。

●正式迴避

即正面聲明，自己無權力變更本方的談判條件。

你可以這樣向對方說：「抱歉，我已被上司告知，只能依照既定原則談判，如果你們要修改，那只有中止談判，讓我回去向上司請示，不過這樣一來，合約的簽定就要延後了，對雙方都有負面影響。另外，雖然你提出的條款確實能增利，但能否實行卻是未知數。這項利潤究竟能不能彌補延期的損失，也要詳細計算。」

從本質上說，暫時迴避和正式迴避都只是一種手段，而談判的最終目的，在於進攻。這兩種說話策略的施行，並非爲了逃避，而是爲自己謀求更大的空間，醞釀更強力的攻勢。

「激」出語言的最大魅力

同時展現出負責的態度、誠懇的語言、深切的感情，就是感染並激化買方，促使買賣成功的最好方法。

當用戶對商品產生購買慾望，但又顯得猶豫不決的時候，可以適時使用「激」的技巧，以求激發對方的好勝心理，促使迅速做出決斷。

一位男士在百貨公司販賣玩具的專櫃前停下，售貨小姐起身趨前，正巧看見男士伸手拿起聲控的玩具飛碟。

「先生您好呀！買玩具給孩子玩嗎？請問您的小孩多大了？」售貨小姐笑容可掬地問道。

「六歲。」男士說著，把玩具放回原位，眼光轉向他處。

「六歲！」小姐提高嗓門說：「這樣的年齡，玩這種玩具正是時候。」一邊說著，便將玩具的開關打開，男士的視線自然又被吸引回聲控玩具上。只見小姐把玩具放到地上，拿著聲控器，開始熟練地操縱起來，前進、後退、旋轉，接著又說：「讓孩子玩這種以聲音控制的玩具，可以培養出強烈的領導意識，很有幫助的。」

說完之後，她將聲控器遞出，讓對方實際操作。大約過兩三分鐘後，售貨小姐把玩具開關關掉，男士開口問道：「這一套多少錢？」

「五百五十元。」

「太貴了！算五百就好了吧？」

「先生！跟令郎未來的領導才華比起來，這其實根本微不足道。」

小姐稍停一下，看了看對方略顯猶豫的神色，馬上拿出兩個嶄新的乾電池說：「這樣好了，這兩個電池免費奉送！」

說著，便很快地把架上一個未開封的聲控玩具連同兩個電池，一起放進塑膠袋，遞給那名男士。

透過銷售的進行，可以清楚看出售貨小姐在過程中使用了「激」的策略。首先，她的問話十分有技巧，「孩子多大了」這樣的問題，不容易讓顧客產生戒心，從而爲下一步的「激」埋下伏筆。

其次，打開玩具開關的時間恰到好處，就在客戶剛要轉移目標時，而把聲控器遞出更是高招，可以非常有效地刺激購買慾望。

最後，售貨小姐做了最佳請求——爲了培育一個具有領導才華的兒子。天下父母心，誰能不爲之心動？

由於激將術的巧妙運用，終於促成一筆生意。

上面這個例子，算是比較一般的情形，也有一些時候，會遇到推銷難度較大的客戶。這時，雖然也該「激」，手法卻要調整，不能太過躁進，而以循序漸進的方式較好。

一間工廠的廠長接待了兩位推銷員，同樣都是來自偏遠山地的水災受災區，也同樣都為了推銷豬鬃刷。

第一位進門之後，開門見山地說：「我們是生產刷子的，最近受了災，日子不太好過，你們能不能買幾把？」

廠長搖搖頭，解釋了不需要的原因，說自己的工廠不是食品加工業，而是經營電子業務，根本用不到。推銷員看出希望不大，便離開了。

另一位推銷員就不同了，他一坐下，馬上用試探性的口氣問：「我看了看工廠的狀況，用到刷子的機會不多吧？」

廠長點點頭，表示實在是少之又少。那名推銷員聽了，接著拿出一紙證明，相當憂慮地說：「是這樣的，我們這個地區受了災，相當嚴重，為此政府也撥了款項救濟，但仍是不夠，必須依靠自救，而衡量地形與天候條件，也只能生產豬毛刷子了。請您考慮一下，能不能買個幾把呢？」

廠長搖搖頭，但對方毫不死心，又進一步說：「我知道你們的用量不會太大，沒有關係的。事實上，哪怕只買一把，都是對災區重建的支持，所有村民必定打從內心感謝您。」

如此層層逼近之下，終於成功挑起廠長的惻隱之心，最後不但成交，還一口氣買下好幾十把。

看完這個例證，你是否察覺了成功者與失敗者的差別？同樣推銷一種東西，一個有所收穫，另一個卻兩手空空。原因何在？就在於「激」的技巧。

第一位雖然開門見山，急切地請求對方接受推銷，但因交談中沒有掌握「激」的火候，以至於三言兩語便敗下陣來，只能空手而別。

第二位則不然，將「激」的火候掌握得恰到好處。他首先以詢問方式探知買方底細，得知「用量很少」之後，並不灰心喪氣，而是循循善誘地講述了自己的實際困難，以求喚起同情。

若能同時展現出負責的態度、誠懇的語言、深切的感情，就是感染並激化買方，促使買賣成功的最好方法。

要說，就說貼心話

採繞道方式進入正題，是降低戒心的好方法，較可能使顧客高興地接受商品，滿意而歸。

有人說「一句貼心話，招來萬戶客」，實在很有道理。

推銷商品的過程中，適時說出一句貼心話，足以使顧客「忘記」你是個推銷員，而看作自己的知心朋友。一句貼心話，可以有效縮小彼此之間的距離，讓原先持抗拒態度的顧客轉而言聽計從。

如此，既爲產品打開銷路，還等同交到一個朋友。幫助了顧客，當然也幫助了自己，有利無害。

想要貼近顧客，就該善用以下幾種表達技巧：

•捕捉購買慾望，當一個好參謀

商場裡人山人海，川流不息，不過目的在看熱鬧、打發時間的人多，眞正有意願購買商品的人少，是大家共同的感受。

身爲一個好店員，當然不能乾等顧客上門，而應主動貼近，親切攀談，例如下面所舉的例子：

「您穿這套衣服挺合適，顯得高雅，大方。」

一位中年女店員笑瞇瞇地開口，對象是一位正在觀看、挑選各類胡椒的顧客。只見顧客將目光從陳列胡椒的貨架上收回來，滿意地看著自己的衣服。

「哪裡買的呢？簡直像是訂做的一樣合身。」

「是嗎？果然，大家都說好看呢！」那名顧客笑了起來，明顯有一種自豪感油然而生。

「您是想買些胡椒回去，為先生、孩子做一頓好吃的嗎？」話意一轉，回到了推銷產品、捕捉購買資訊的目的上。

「不，只是隨意看看。聽人家說把胡椒、生薑、蔥、鹽、白糖之類的一起煎了喝，很有驅寒的效果。」

「是的，這是傳統的偏方。有時候，偏方比醫生開的藥還靈呢！買這瓶吧！這個牌子的銷路很好。」

「這樣嗎？只是不知道究竟品質怎麼樣。」

「您放心好了，我們這個商場也是老字號了，不會賣品質不好的東西，破壞自己的信譽。而且，我天天都在這裡上班，若是有任何問題，隨時都可以來告訴我，不用擔心。」

就這樣，顧客高高興興地買了一瓶胡椒。

可以發現，那位女顧客最初並沒有強烈的購買意願，只是在經過調味貨架區的剎那起了一個念頭，所以駐足觀看。店員捕捉了微弱的資訊後，並非單刀直入詢問，而是先從感情上貼近，與顧客親切交談，讓對方自然產生好感，降低戒心，從而對產品產生興趣。

千萬別當顧客的敵人，而更應當扮演「參謀」角色，表現出站在同一陣線的模樣。採繞道方式進入正題，是降低戒心的好方法，較可能使顧客高興地接受商品，滿意而歸。

●不用命令式語氣，多用請求式

要想做成生意，必須先用熱誠去打動顧客的心，喚起他們對你的信任和好感，並因感到備受重視與關懷而高興。

做到這一點的必備條件，就是注意語言的表達技巧，多用「請您等一會兒，好嗎」之類的請求式語氣，避免一切的命令式語氣。

有一位書商，在推銷書籍時，總向顧客提出三個問題：「如果我送您這套十分有趣的、有關個人效率的書，您會讀一下嗎？如果讀了後非常喜歡，您會願意買下嗎？又如果您發現不太有興趣，在無須負擔郵資的情況下，可以把書寄回給我嗎？」

由於語氣親切，措詞謙恭，顧客幾乎找不到說「不」的理由。

此外，遇到猶豫不決的顧客，還可以運用「您先試一試嗎」之類的請求式語氣，以求打破僵局、有效接近，提高成交的可能性。

●「見什麼人，說什麼話」，措詞要準確、得當

面對隨和型顧客要熱情、有耐心，順水推舟，滿足他們的自尊心；對嚴肅型顧客要真誠、主動，務求以柔克剛，誘使他們開口；面對慎重型顧客要不厭其煩，耐心解答，避免言語唐突，過度刺激；面對情緒型顧客要摸清需求，透過言行取得信任，逐步消除心理壓力，使產生安全感。

說穿了，推銷活動就是一種心理戰，要想貼近顧客，首先得掌握心理，主動迎合情勢和需求的變化，並且務求選擇最恰當對話方式，將「見什麼人，說什麼話」的精神發揮到極致。

輕易說「不」，必將傷害客戶

購買產品或服務，因為必須支付代價，必定更期望得到尊重，這種需求是可以理解並預知，設法妥善滿足的。

「不」是一個非常傷人的字，絕對沒有人喜歡聽到，所以，如果希望自己的生意進展順利，便不要輕易說起。

在美國，有一家專門販售日用品的羅伯梅德公司，旗下共擁有四間連鎖店，數百位員工。針對服務品質，公司高層有以下兩項規定：

- 絕不對顧客說「不」。
- 顧客離去時，必須是滿意的。

以服務爲取向的公司，即便經營得多成功，也未必都能夠提供送貨服務，但羅伯梅德公司完全不一樣，只要顧客提出要求，馬上派人將貨送到。

羅伯梅德日用品公司的經營範圍相當廣，販售產品高達兩千五百種。儘管業務繁忙，公司上上下下都願意花費寶貴的時間，答覆處理顧客對產品的抱怨或使用問題，且秉持最高原則——面對客訴，絕不說「不」，務求不使顧客產生敵對情緒。

甚至曾有一次，某位顧客來到羅伯梅德公司，抱怨說自己買的高壓鍋品質非常不好，用不到一個月就壞了。

賣場人員檢查了一下，發現明顯是顧客自身的使用疏失，但仍好言好語地表示歉意，並免費提供修理。

一個月後，這名顧客帶著幾位朋友再次登門，但不是爲了抱怨，而是爲了採買需要的其他大小日用品。

爲什麼這名顧客願意替羅伯梅德公司介紹生意，而不會想要換一家店看看？答案很簡單，就是良好服務凝聚了顧客的忠誠度。

忠誠度絕對是削價政策買不來的，只懂得用低價吸引顧客的公司，一旦將價格提高，就會馬上看見顧客另投他人懷抱。

拿出好服務才能打下穩定可靠的客源基礎，這點絕不是作假可以騙來。而良好的服務，首先便從得體的言語開始。

下面條列的幾點，是除了直接表示拒絕的「不」之外，公認同樣不適宜、不受顧客歡迎的幾句話：

1. 這不是我的責任。
2. 這件事情不在我的管轄範圍。
3. 沒辦法，這就是規定。
4. 不好意思，這是您當初的選擇，我無能為力。
5. 規則都寫得很清楚了，請自己看一下。

此外，在爲顧客服務時，要儘量多使用以下詞語：

1. 您、您們——用「您」，絕對比用「你」更好。
2. 是、好的、沒有問題、可以——相較於否定，肯定的短句子當然更能讓顧客感到滿意。

3.最好的方法是、最快的方法是——表示出對狀況的了解與誠懇建議，可以讓顧客放心，產生信賴。

任何一位顧客購買產品或服務，因爲必須支付一定代價，必定更期望得到他人的尊重，這種需求是可以理解並預知，設法妥善滿足的。在容許的範圍內，應儘量尊重顧客的想法，按顧客的意思去做，如果用無禮的言語或態度頂撞，必定將送上門的生意搞砸。

請不要對顧客說「不」，不要說任何可能引起反感的話。

「賤招拆招」的人際應對智慧

伏爾泰曾說：「**死者不在乎毀謗中傷，活人卻會因它而怒極身亡。**」
雖說給別人臉上抹黑並不是件好玩的勾當，因為一不小心就會連帶把自己弄得滿骯髒，但是有時候，為了轉移別人攻擊自己的焦點，這種適時抹黑誹謗的招數，卻是讓自己全身而退，不得不使用的「賤招」。

血腥瑪莉 編著

把話說進心坎裡

作　　者　陶　然
社　　長　陳維都
藝術總監　黃聖文
編輯總監　王　凌
出 版 者　普天出版家族有限公司
新北市汐止區康寧街 169 巷 25 號 6 樓
TEL / (02) 26921935 (代表號)
FAX / (02) 26959332
E-mail：popular.press@msa.hinet.net
http://www.popu.com.tw/
郵政劃撥 19091443 陳維都帳戶
總 經 銷　旭昇圖書有限公司
新北市中和區中山路二段 352 號 2F
TEL / (02) 22451480 (代表號)
FAX / (02) 22451479
E-mail：s1686688@ms31.hinet.net
法律顧問　西華律師事務所・黃憲男律師
電腦排版　巨新電腦排版有限公司
印製裝訂　久裕印刷事業有限公司
出 版 日　2019 (民 108) 年 10 月第 2 版
ISBN◉978-986-389-674-6　　條碼 9789863896746

國家圖書館出版品預行編目資料

把話說進心坎裡 ／
陶然著.—第 2 版.—：新北市,普天出版
民 108.10 面；公分. - (溝通大師；52)
ISBN◉978-986-389-674-6 (平裝)

溝通大師
52